나는 누구인가요?

# 나는 누구인가요?

**초판 1쇄 발행** 2021년 6월 29일
**초판 3쇄 발행** 2023년 10월 18일

**지은이** 이정규
**펴낸이** 유동휘
**펴낸곳** SFC출판부
**등록** 제104-95-65000
**주소** (06593) 서울특별시 서초구 고무래로 10-5 2층 SFC출판부
**Tel** (02)596-8493
**Fax** 0505-300-5437
**홈페이지** www.sfcbooks.com
**이메일** sfcbooks@sfcbooks.com
**기획·편집** 편집부
**디자인편집** 최건호
**ISBN** 979-11-87942-53-5 (03230)
**값** 8,000원

그리스도 안에서 자아 찾기

# 나는 누구인가요?

이정규 지음

SFC

# 목차

"나는 누구인가요?" 이는 인류의 역사만큼이나 오래된 질문입니다. 우리의 신앙생활 또한 하나님뿐 아니라 내가 누구인지를 알아가는 여정입니다. 잃어버린 나를 발견하고 진정한 나를 체험하는 삶입니다. 그런데 오늘날에는 병든 자의식과 빈곤한 자아상으로 시달리며 자아 정체성의 혼란을 겪고 있는 그리스도인들이 많습니다. 이런 때에 이 짧은 책은 너는 가치 없는 존재라고 속삭이는 이 시대의 온갖 부정적인 음성을 압도하는 주님의 음성이 우리 귀에 쟁쟁하게 들리게 합니다. 너는 그리스도 안에서 무한히 소중하고 존귀한 존재라는 복음으로 말입니다. 더불어 이 땅에서 공동체적인 존재로서 예수님의 몸 역할을 하는 목적의식을 고취시켜 줍니다. 메시지가 간결하고 단숨에 읽을 수 있는 좋은 책입니다.

_박영돈(작은목자들교회 담임목사, 고려신학대학원 교의학 명예교수)

지금 청년들은 "나는 누구이며, 무엇을 위해 사는가?"라는 고민을 진지하게 해볼 겨를도 없는 퍽퍽한 시대를 살아내고 있습니다. 모든 무거운 짐을 홀로 짊어지고 신음하는 청년들에게 세상은 영혼 없는 위로만을 선사할 뿐입니다. 이러한 청년들을 향해 저자는 '예수 그리스도'와 '교회'만이 진정한 위로이자, 삶의 의미를 찾을 수 있는 유일한 근거라고 담대하게 외치고 있습니다. 모든 것이 답이 될 수 있다고 말하는 시대에 삶의 진정한 답은 예수님뿐이라고, 교회가 세상의 걱정거리라고 비아냥거림을 받는 때에 "당신은 당신의 교회이다."라고 호소력 있게 전달하기란 결코 쉬운 일이 아닙니다. 그럼에도 저자는 세상에서 들을 수 없는 이 놀라운 이야기를 섬세하면서도 설득력 있게 풀어냅니다. 진정한 위로를 찾고 있는 이 땅의 청년들, 그리고 이 시대의 정서와 언어로 복음을 전하기 원하는 목회자들 모두에게 이 책을 권합니다.

_**송태근**(삼일교회 담임목사)

복음은 하나님의 이야기이지만, 또한 사람에 관한 이야기이기도 합니다. 그래서 복음을 하나님의 이야기로만이 아니라 사람에 관한 이야기로도 설득력 있게 말해주는 설교자나 저자들을 만나는 것은 언제나 즐거운 일입니다. 저자는 이 작은 책에서 그 일을 탁월하게 해줍니다. 이 책을 읽는 독자들은 복음의 렌즈를 통해 자신을 보고, 그리스도 안에 있는 신자의 흔들릴 수 없는 영광스러운 정체성을 발견하는 데 큰 도움을 얻을 수 있을 것입니다. 신자의 삶이 그리스도 안에서 발견한 정체성에서 출발한다는 점을 생각할 때, 아주 작지만 저자 특유의 논리와 설득력으로 무장한 이 책은 두고두고 주변의 신자들에게 추천하고 일독을 권하지 않을 수 없게 하는 힘이 있습니다. 저자 자신은 젊은 독자들을 겨냥하여 이 책을 썼다고 하지만, 나는 이 책을 모든 세대의 신자들에게 추천할 생각입니다. 특히 그리스도와의 연합에서 한 걸음 나아가 그리스도의 몸인 교회 안에서의 정체성을 언급한 점은 이 책이 지닌 또 하나의 장점입니다. 신학적으로 바르면서도 목회적으로 따뜻한, 조화롭고 균형 있는 저자의 태도는 이 책에서도 유감없이 발휘됩니다. 아무쪼록 이 책의 도움을 얻어 그리스도 안에서 자신을 발견하는 성도들이 많아지고, 복음이 그들 안에서와 온 천하에서 열매를 맺어 자라는 것을 보고 싶습니다.

_**김형익**(벧샬롬교회 담임목사)

# 당신은 태어남 당한 것이 아니에요

"그러니까 하나님이 왜 저를 만드셨나고요?"

저는 당황했습니다. 목회한 지 얼마 안 된 제게는 너무나도 당황스럽고 도전적인 질문이었지요. 사실 저로서는 단 한 번도 생각해 본 적이 없는 질문이었습니다. 질문의 의도는 인생의 목적을 묻는 것이 아니었습니다. 그거라면 쉽게 대답할 수 있었지요. 그러나 그녀가 한 질문의 의도는, 이 세상은 이렇게 고통스럽고 자신은 고통을 당하고 있는데, 하나님은 왜 쓸데없이 이 세상에 자신을 태어나게 하셔서 고통을 당하게 하느냐는 것이었습니다. 결국 그녀는 이렇게 주장했습니다. "나는 태어남 당한 거에요." 알고 보니 유행하는 말이었더군요.

몇 년이 더 흐르고 나서야 이 질문이 인류사 내내 제기된 질문이었을 뿐 아니라, 성경의 질문이기도 하다는 것을 알 수 있었습니다. 그리고 제가 그걸 몰랐기에 그녀를 위로할 수 없었음이 참 한탄스러웠지요. 지금 그녀가 제게 같은 질문을 한다면, 이렇게 대답할 수 있었을 텐데요. "당신만 그런 질문을 던진 건 아니에요. 욥도 자신의 생일을 저주했고욥3:1, 예레미야도 그랬지요. 성경은 당신의 심정을 이해하고 있어요. 당신의 한탄을 공감하고 있어요."

내가 태어난 날이여,

저주 받아라!

내 어머니가 나를 임신한 날이여,

그날도 저주 받아라!

내 아버지에게

"당신 아들이 태어났소." 하고

(그를 몹시도 기쁘게 했을)

소식을 전한 그도 저주 받아라.

출생의 소식이 없던 것이 되고,

기록에서 지워져 버렸으면 좋겠구나.

그 소식을 전한 자는,

자기가 전한 그 홍보에 죽을 때까지 시달림 받으리라.

그는 내가 태어나기 전에 나를 죽였어야 했다.

내 모태가 내 무덤이 되고,

내 어머니는

평생 죽은 아기를 태 안에 둔 채 살아갔어야 했다.

오, 대체 무슨 이유로 내가 그 태에서 나왔단 말인가?

고난과 눈물로 얼룩진 삶,

앞으로도 마찬가지일 이 삶.

예레미야 20장 14~18절, 메시지역.


그렇다고 성경이 일종의 반출생주의Antinatalism를 주장하는 것일까요? 자신을 태어나게 하신 하나님을 원망하는 것일까요? 답은 그렇기도 하고 아니기도 합니다. 바로 윗절인 예레미야 20장 13절에서 그는 "여호와께 노래하라 너희는 여호와를 찬양하라 가난한 자의 생명을 행악자의 손에서 구원하셨음이니라"라고 말합니다. 그렇지만 14절에서 자신의 생일을 저주하지요. 왜 예레미야는 이렇게 상반된 목소리를 들려주는 것일까요? 한편으로는 하나님의 살아계심 때문에 우리의 삶이 의미가 있다는 진리를 전하면서도, 다른 한편으로는 우리가 느끼는 삶의 무의미함과 고통 앞에서의 좌절을 공감하기 때문입니다. 구약학자 크리스토퍼 라이트는 "살아가면서 머리로 아는 진리가 마음으로 느끼는 감정의 야만적인 공격에 직면할 때, 우리는 종종 두 가지 모두를 필요로 한다."라고 말해주지요.[1]

그러니 사실은 성경이 삶을 저주하거나 반출생주의를 주장한 적은 없는 셈입니다. 오히려 삶을 저주하는 사람을 위로하고 있지요. 성경은 본질적으로 삶을 아름다운 것으로 봅니다. 또한 인간을 하나님의 형상으로 봅니다창1:26. 하나님을 제외하고, 우주의 모든 것들 중 인

---

1. 크리스토퍼 라이트, 『예레미야 강해』, 안종희 옮김 (서울: IVP, 2018), 316쪽.

간만큼 아름답고 영화로운 존재는 없습니다. 심지어 천사들도 우리를 흠모하고 있어요. 그러니 변증가 오스 기니스가 한 말이 합당한 셈입니다.

삶에서 가장 큰 선물은 삶 그 자체다. 당신의 삶은 결코 우연이 아니다. 하나님이 원하셨기에 당신이 존재하게 된 것이다. 그렇다면 당신은 당신 삶의 목적, 즉 당신이 하는 모든 행위의 궁극적 이유를 어떻게 찾고 있는가? 당신의 주의를 남김없이 끌 만큼 큰 목적, 당신의 열정을 그 밑바닥까지 잴 만큼 깊은 목적, 최후의 한숨까지 당신을 고무시킬 만큼 영구적인 목적을. 우리 창조주 하나님의 소명에 귀 기울이고 어디까지나 그 소명을 따름으로써 삶과 우주의 목적에 스스로를 맞추는 것보다 더 강력하고, 더 친밀하고, 더 중요한 것은 절대로 없다.[2]

저도 동일한 확신을 가지고 삶의 목적과 의미를 말해주고 싶어서 이 책을 썼습니다. 우리가 살고 있는 현대 사회는 인생의 목적과 의미에 대해 합의된 대답이 없는 최초의 문명입니다. 따라서 이 사회에서 우리 모두는 인생의 목적과 의미에 대해 우리 스스로 대답을 찾으라고 강요받고 있습니다.[3] 그래서 많은 청년들이 자신의 가치를 확신하지 못한 채 유례없이 방황하고 있지요. 대도시 서울에서 많은 젊은

---

2. 오스 기니스, 『소명』, 홍병룡 옮김 (서울: IVP, 2019), 11쪽.
3. 위의 책, 23쪽.

이들이 출석하는 교회를 섬기는 저로서는, 이 문제에 대해 좀 더 깊이 고민하고 숙고하며 대화를 나누는 특권을 누렸습니다. 그리고 그 결과물을 우리 교회와 몇몇 대학생 선교단체 집회에서 설교하며 나누었지요.

제가 내놓는 답은, 성경과 오랜 신조에서 길어 올린 것입니다. 특히 신조에 익숙한 분들은 이 책의 1장과 2장이 하이델베르크 요리문답 1문과 웨스트민스터 소요리문답 1문에 대한 해설이라는 것을 아실 수 있을 것입니다. 이 두 문서는 성경의 중요한 교리그래서 '요리'(要理)라고 합니다를 문답의 형태로 배우고 암송할 수 있도록 작성된 16세기와 17세기의 공과교재입니다. 오래된 교재이긴 하지만, 내용의 적실성과 표현의 아름다움 때문에 지금도 수많은 교회들에서 애용되고 있는 교재이지요.

이 책의 한계는 명확합니다. 이 책은 짧습니다. 따라서 저는 깊이 있는 여러 논의와 변증을 담을 수 없었습니다. 그저 진리를 간명하고 재미있게 전달하려고 노력했지요. 이걸 감안하고 읽어주셨으면 좋겠습니다. 주께서 허락하시면, 추후에 좀 더 방대한 논의를 담은 같은 주제의 책을 쓸 수도 있을 것입니다.

감사드리고 싶은 분들이 많습니다. 우선 이 책에 실린 내용으로 설교할 수 있도록 저를 초청해주신 선교단체, 특히 SFC의 간사님들께 감사드립니다. 설교를 듣고 유익한 조언과 제안을 많이 해주셨습니다. 그 조언들이 책의 내용을 다듬고 제 생각을 정교하게 했습니다. 또한 제 섬김을 받을 뿐 아니라 저를 섬겨주는 사랑하는 시광교회의 식

구들께 감사합니다. 그리고 사랑하는 아내와 두 딸에게 감사합니다. 바쁜 목회자이기에 남편과 아빠로서 좋은 사람이라고 말할 수는 없지만, 그래도 목사로서의 정체성보다 남편과 아빠라는 정체성이 더 중요하다는 것을 행복하게 기억하게 해주어 감사합니다. 또한 이 책을 기획해주시고 늑장 원고를 기다려주신 SFC 출판부 간사님들께도 감사합니다.

제가 만나지 못했지만 감사드리고 싶은 분들이 있습니다. 신학을 공부하셨거나 이분들의 팬들이라면 모두 제가 팀 켈러와 존 파이퍼 목사님의 지대한 영향을 받았음을 눈치 채실 겁니다. 또한 이 두 분에게 동시에 깊은 영향을 준 조나단 에드워즈와 아우구스티누스에게도요. 이 모든 분들께 감사합니다. 이들은 모두 저의 신학적인 영웅들입니다.

그리고 제게 그토록 어려운 질문을 안겨준 자매님께, 그리고 이후로 같은 질문들을 제게 해준 많은 청년들에게 정말 고맙습니다. 이 자리를 빌어 그때 못했던 답을 드리자면 이렇습니다.

"당신은 태어남 당한 것이 아니에요. 당신은 정말 소중하답니다. 당신은 죄인이지만, 사랑받는 사람이에요. 팀 켈러 목사님의 표현을 써본다면, 당신은 스스로 생각한 것보다 훨씬 더 사악한 죄인이면서 동시에 감히 바라거나 상상하던 것보다 훨씬 더 큰 사

랑을 받고 있답니다.[4]

삶에서 경험하는 당신의 고통에도 불구하고, 당신의 인생은 의미 없지 않아요. 하나님은 당신을 괴롭히기 위해 태어나게 하신 것이 아니에요. 근거가 있느냐고요? **하나님도 태어나셨어요.** 이게 무슨 망발인가 싶겠지만, 성자 하나님은 출생을 경험하신 분이십니다.[5] 그분은 동정녀 마리아의 몸에서 태어나셔서, 당신이 겪고 있는 모든 고통을 똑같이 겪으시고, 더 큰 고통 역시 겪으셨어요. 그분이 인간이 되셔서 인간의 삶을 사셨을 뿐 아니라 여전히 인간이시라면, 당신이 인간으로 태어났다는 것은 가치 없는 일이 아닐 거예요. 오히려 당신이 상상한 것보다 훨씬 더 영화로운 일일 겁니다.

그러니 다시 한 번 말씀드립니다. 당신은 정말 소중하답니다. 당신 자체는 그다지 소중하다고 생각되지 않을 수 있습니다. 죄도 많이 짓겠지요. 그러나 당신이 그리스도와 함께 할 때에 당신은 그리스도만큼 소중해요. 그러니 허튼 생각하지 말아요. 자신을 학대하지도 말아요. 당신을 소중히 여기는 분 안에서 더없는 즐거움과 확신을 누렸으면 좋겠어요."

---

4. Timothy J. Keller, "PRAYING OUR TEARS" in *The Timothy Keller Sermon Archive* (New York City: Redeemer Presbyterian Church, 2013). 2000. 2. 17.
5. 이중적인 의미로 그렇다. 그분은 성부 하나님에게서 영원히 나셨다. 그리고 성령 하나님으로 말미암아 동정녀의 몸에서 나셨다.

1장

# 나는 누구인가?

나는 누구일까요? 예컨대 저는 남편이며, 아빠이고, 아들입니다. 목사이기도 하고, 이 책을 읽고 있는 당신에게는 작가이기도 합니다. 각각의 역할마다 저는 약간씩 달라집니다. 저는 종종 아내에게 애교를 부리지만(비웃으셔도 됩니다), 저희 교회 성도들 앞에서는 절대 그러지 않습니다. 오히려 약간은 근엄한 모습을 유지하려고 하지요(이 부분에서는 저희 교회 성도들이 비웃을 겁니다). 가급적 저는 모든 상황에서 일관성을 유지하고 싶어 하지만, 아마도 큰 집회의 강사로 갈 때의 저의 모습과, 혼자 있을 때의 저의 모습에는 차이가 있을 겁니다. 그러면 그런 모습들 중에서 어떤 것이 진짜 '나'일까요?

누군가는 "너 혼자 있을 때, 아무도 보지 않을 때, 네가 제일 나쁜 짓을 할 때의 네가 진짜 너다!"라고 말하면서 회개를 촉구할 수도 있을 것입니다. 틀린 말은 아니지만, 그렇다고 누군가가 당신을 바라보고 있어서 마지못해 선행을 행할 때의 당신의 모습은 당신이 아닌 것일까요? 그렇다고 단언하기는 어려울 것입니다. 그렇다면 우리를 규정하는 많은 역할과 많은 모습 가운데서 일관적으로 '나'라고 말할 수 있는 정체성은 무엇일까요? 이 질문에 대해, 과거의 사람들과 현대의 사람들은 대체로 다른 대답을 하고 있습니다.[1]

과거의 세계관에서는, 당신의 의무가 곧 당신이라고 생각했습니

1. 이 세계관의 비교는 주로 찰스 테일러의 분석에 의존했다. 찰스 테일러, 『자아의 원천들』, 권기돈, 하주영 옮김 (서울: 새물결, 2015)과 특히 찰스 테일러, 『불안한 현대 사회』, 송영배 옮김 (서울: 이학사, 2019)의 1장과 5장, 6장을 보라. 팀 켈러, 『답이 되는 기독교』, 윤종석 옮김 (서울: 두란노 2018)의 6장과 7장도 보라.

다. 나의 가치와 의미를 정하는 주체는 내가 아니라 나를 둘러싸고 있는 가정과 국가, 종교 공동체들이라고 생각했던 것이지요. 특히 과거의 한국사회는 훨씬 더 집단주의적이었기 때문에, 자신이 소속된 집단에서 어떤 평가를 받는지가 정체성을 형성하는 데 대단히 중요했지요. 이러한 생각은 과거의 대중문화에도 반영되어 있습니다. 예를 들어, 고려 왕조가 멸망할 무렵, 태조 이성계의 아들이었고 후에 조선의 3대 왕 태종이 되는 이방원은 고려의 충신 정몽주를 회유하며 떠보려고 이런 노래를 지었습니다.

> 이런들 어떠하리 저런들 어떠하리
> 만수산 드렁칡이 얽혀진들 어떠하리
> 우리도 이같이 얽혀져 백 년까지 누리리라

그러자 충신이었던 정몽주는 아래의 노래를 지어 부르며 응대합니다. 일종의 랩배틀이었다고 할까요?.

> 이 몸이 죽고 또 죽어 백 번이나 다시 죽어
> 백골白骨이 흙과 먼지가 되어 넋이야 있건 없건
> 임금님께 바치는 충성심이야 변할 리가 있으랴?

여기서 우리가 볼 수 있는 것은, 자신의 목숨을 바치더라도 국가를 위해, 고려 왕조를 위해 살겠다는 결의입니다. 즉 정체성을 국가와 공동체, 소속과 의무에 둔 것이지요. 우리의 조상들은 대체로 이렇게 살아가는 삶이 가치와 의미를 지닌 삶이라 믿었습니다. 그래서 가정과 사회에서 자신이 맡은 역할과 의무를 잘 수행하는 삶을 살기 위해 노력했지요. 게다가 그 역할과 의무는 태어나면서부터 부여된 것이기에, 바꿀 수도 없었습니다. 이런 세계관 안에서 사람들은 어느 정도 억압을 당할 수밖에 없었습니다. 특히 여성들은 대체로 자신의 꿈을 가지거나 펼칠 수가 없었습니다. 신분제 사회에서는 신분의 이동이 엄격하게 제한되어 있었지요.

하지만 현대의 세계관은 다릅니다. 현대에서 당신은 곧 당신의 꿈과 욕망입니다. 당신이 누구인지, 누구여야 하는지에 관해서 어느 누구도 규정할 수 없습니다. 당신 스스로 그것을 정할 수 있을 뿐만 아니라 그 정한 대로 될 수도 있습니다. 그 어떤 의무와 역할도 당신에게 강제되어서는 안 된다고 생각하지요. 당신의 가치와 의미는, 그리고 정체성은 당신이 바라는 꿈과 욕망에 달려 있습니다. 이러한 생각 역시 오늘날 대중문화에 잘 반영되어 있습니다.

마음 열지 마, 들키지 마

착한 모습 언제나 보여주며

철저하게 숨겼는데

들켜버렸어

다 잊어, 다 잊어 Let it Go, Let it Go

이젠 참지 않을 거야

다 잊어, 다 잊어

문을 열고 나아갈 거야

괜찮아 누가 뭐라 해도

폭풍 몰아쳐도

추위 따윈 두렵지 않다네

이 노래는 2014년 디즈니의 애니메이션 <겨울왕국>에 나오는 엘사의 주제곡이지요. 엘사는 여왕이었습니다. 그녀는 자신이 있는 자리, 즉 여왕으로서의 의무와 역할 때문에 모든 걸 얼려버릴 수 있는 자신의 능력을 꽁꽁 숨겨두어야 했습니다. 그렇게 의무와 역할 때문에 자신의 자아와 갈망을 펼칠 수 없었던 엘사는 결국 왕국 전체를 얼려버리고(!) 산으로 도망가지요. 그리고 누구도 신경 쓰지 않고, 자신만의 성을 짓고 자유를 찾아갑니다. 여기서 말해주는 사고방식은 개인주의적입니다.

한국사회가 이러한 변화를 맞게 된 때는 언제일까요? 저도 알지 못합니다. 하지만 저희 어머님을 보면서 그 태동만큼은 짐작할 수 있지 않을까 싶습니다. 저희 어머님은 올해 68세이신데, 8남매 중 넷째이시지요. 전라북도 마령면이라는 아주 작은 시골에서 사시다가, 저희 외조부모님께서 "너는 여자니 더 공부시키지는 않겠다." 하시며 초등학교당시는 국민학교만 졸업시키셨습니다. 하지만 더 공부하고 싶으셨던 어머님은, 자신이 돈을 벌어서 스스로 공부하겠다고 선언하시고는 혼자 서울로 오셨지요. 아직 중학교 1학년 나이의 소녀가 말입니다! 그리고 구로공단현재 구로디지털단지에서 공장 일을 하시며 주경야독을 하셨습니다. 대단히 용감한 분이 아니십니까? 그래서 저는 어머니를 존경합니다. 물론 아버님도 비슷한 젊은 시절을 겪으셨기 때문에 마찬가지로 존경하지요.

아마도 이 시기부터 집단주의 사회였던 대한민국 사회가 서서히 개인주의적으로 바뀌어 갔을 겁니다. 물론 혹자는 아직도 대한민국은 집단주의적이라고 말할지 모르겠습니다. 하지만 과거에 비하면 분명히 많이 달라졌지요. 기회의 평등도 과거보다는 더 나아졌다고 볼 수 있고요. 이미 1982년도에는 이런 노래도 유행했답니다.

부모님의 어린 시절을
다시 한 번 돌아보세요
그때는 아쉬운 마음이 없으셨나요

나는 이미 알고 있어요
부모님이 말하는
그 모든 것이 사랑인줄을
나는 알아요

그러나 내가 원하는 것도
부모님은 알아주세요
내 인생은 나의 것

내 인생은 나의 것

그냥 나에게 맡겨주세요

내 인생은 나의 것

내 인생은 나의 것

나는 모든 것 책임질 수 있어요

_민혜경, 김현준, <내 인생은 나의 것>

당시 인기 있던 가요 프로그램에서 4주 연속 1위를 차지했던 이 노래는, 꿈을 이루고 싶지만 부모님의 반대를 받는 청년들의 송가頌歌였습니다. 청년들은 자유를 원했고, 하고 싶은 일을 하려 했으며, 집단과 가정의 기대에 부응하여 자신의 인생을 원하는 대로 제어하지 못하는 것을 괴로워했지요. 이 노래가 나온 지 거의 40년이 되어가는 지금. 이 노래를 부르며 자신을 발산했던 청년들은 이제 어느 덧 노년에 접어들었습니다. 그리고 우리가 살아가는 시대는 '내 인생은 나의 것'이라는 말을 당연하게 여기게 되었지요. 현대의 세계관은 여러 모로 과거보다 더 자유롭고 좋아 보였습니다.

## 과연 현대의 세계관은 더 큰 행복을 주는가?

그렇다면 현대의 세계관은 과거의 세계관보다 훨씬 더 나은 것일까요? 물론 더 자유로워 보이는 것은 사실입니다. 하지만 여기에는 몇 가지 함정이 존재합니다.

첫째, 우리는 '나의 욕망'이 무엇인지 정확히 알 수 없다는 것입니다. 나의 욕망과 꿈이 나의 정체성을 이루고, 그것을 내가 마음대로 정할 수 있다는 것은 대단히 좋아 보입니다. 하지만 종종 우리 안에는 여러 가지 욕망이 있고, 그 욕망은 종종 서로 부딪힙니다. 의사가 되고 싶어 하는 고등학생의 마음 안에 시험 전날 게임을 하고 싶은 욕망이 있다면, 대체 어떤 욕망이 이 고등학생 친구의 '진짜 나'일까요? 현대 사회에서 우리는 종종 "네 느낌을 믿고, 그대로 살아라." 하는 말을 듣습니다.[2] 하지만 의사가 되고 싶은 느낌과 게임을 하고 싶은 느낌 중 무엇이 진짜 '나의 느낌'인 것일까요? 알기 어렵습니다.

둘째, '나'라는 정체성은 집단과 사회에서 절대로 분리되지 않는다는 것입니다. 예컨대 누군가 당신에게 "그렇다면 네가 선택하는 거야. 네 선택이 바로 너야. 의사가 되기 위해 공부를 하든, 게임을 하든 네가 선택해. 게임을 잘 해서 프로게이머가 될 수도 있잖아? 그게 네 진짜 정체성이라고. 네 정체성은 네가 선택하면 되는 거야."라고 조언했다고 합시다. 그런데 만일 지금 당신 주변에 프로게이머로 돈도 잘 벌고, 영향력도 있으며, 인생도 행복해 보이는 사람들로 가득 차 있다고 합시다. 그렇다면 당신은 무엇을 선택할까요? 반대로, 지금 당신 주변 모든 친구들이 다 의대를 목표로 하고 있고, 또 가족 중 하나가 돈을

---

2. 조너선 하이트, 그레그 루키아노프, 『나쁜 교육』, 왕수민 옮김 (서울: 프시케의 숲, 2019), 15쪽.

많이 버는 행복한 의사라고 합시다. 그렇다면 당신은 무엇을 선택하게 될까요?

많은 사람들은 정체성을 결정하는 것은 자기 자신이며, 온전히 자기 자신에게만 정체성을 결정할 권한과 능력이 있다고 말합니다. 하지만 당신이 속한 집단과 공동체, 문화로부터 완전히 벗어난 방식의 자기 결정이라는 것은 사실상 존재하지 않습니다. 팀 켈러 목사는 여기에 대해 재미있는 사고 실험 하나를 제안합니다.

AD 800년 영국의 앵글로색슨족 전사를 상상해 보라. 그가 자기 마음속을 들여다보니 내면에 두 가지 강한 충동과 감정이 보인다. 하나는 공격성이다. 남에게 멸시당할 때마다 폭력으로 상대를 해치거나 죽이고 싶은 게 그의 본능적 반응이다. 그는 전투를 즐긴다. 체면과 명예와 전사의 도리를 중시하는 문화에 살다 보니 그는 이 감정에 쉽게 동화된다. 그게 전혀 부끄럽거나 유감스럽지 않다. 그래서 '이게 나다! 이게 내 정체성이다! 이대로 표현하자!'라고 말한다. 그런데 그의 마음속에 보이는 다른 충동이 동성애 성향이라 하자. 그는 그게 없기를 바란다. 그 감정을 보며 '이건 내가 아니다. 제어하고 억압하자.'라고 말한다.

이번에는 오늘날로 넘어와, 맨해튼 거리를 걷고 있는 어떤 청년을 상상해 보라. 그의 내면에도 동일한 두 가지 충동이 똑같은 강도로 존재한다. 그는 자신에게 뭐라고 말할까? 공격성을 보면서는 '이건 내가 아니다.'라고 말하며, 치료나 분노 관리 교육을 받는다. 그러나 동성애 성욕을 보면서는 '이게 내 정체성이다. 이게 나다.'라고 결론짓는다. …… 800년대 앵글로색슨족 전사와 맨해튼 청년의 비교가 보여주는 게 또 있다. 결국 현대인도 자기다워질 자유가 없기는 고대인과 다를 바 없다. 예화 속 현대인은 특정한 성적 감정을 자신의 정체로 믿는 반면, 앵글로색슨족은 이를 자신의 정체에 이질적이거나 심지어 적대적인 요소로 생각한다. 왜 그럴까? 각 경우마다 무엇을 믿어야 할지를 사회가 일러주기 때문이다.[3]

맨해튼을 홍대-신촌의 대학가로, AD 800년을 조선시대로 바꾸어도 비슷할 것입니다. 우리는 온전히 자신의 정체성을 결정할 수 없습니다. 우리는 정확히 우리가 누구인지 모릅니다.

셋째, 꿈을 이루지 못하면 절망하게 된다는 것입니다. 만일 당신의 꿈이 당신의 인생이라면, 그 꿈을 이루지 못할 때 당신의 인생은 악몽이 됩니다. 물론 꿈을 가지는 것이 나쁘다는 것은 아닙니다. 아니 꿈을 가지는 것은 좋을 뿐만 아니라 권장할만한 것입니다. 하지만 당신이 가진 꿈을 이루는 그것만이 당신의 정체성과 가치, 의미를 결정한다고 믿는 순간, 당신은 꿈을 이루는 것에 실패했을 때 단순히 슬퍼하는 정도를 넘어 절망하게 됩니다. 그래서 많은 젊은이들이 오랫동안 준비해온 시험에 실패했을 때, 열심히 준비하고 노력했던 사업에 실패

3. 팀 켈러, 『답이 되는 기독교』, 181~182쪽.

했을 때, 극단적인 선택까지 하는 것이지요. 더 이상 자신이 가치 있는 존재처럼 느껴지지 않는 것입니다.

넷째, 나의 꿈과 갈망이 나라고 규정하더라도, 우리는 여전히 자유롭지 않다는 것입니다. 왜냐하면 당신이 무언가를 갈망한다면, 갈망하는 그 무언가의 노예가 되기 때문입니다. 어떤 이성을 좋아한다고 합시다. 그 이성에게 SNS 메시지를 보냈는데 답이 없다면, 당신은 안절부절 못할 것입니다. 게다가 상대가 확인을 했는데도 답이 없다면, 마음이 무너져 내릴 것입니다. 꿈도 마찬가지입니다. 승진이 최고의 욕망이라면 당신은 승진할 때까지 쉴 수 없을 것입니다. 명예가 최고의 욕망이라면 명예를 가질 때까지 쉴 수 없을 것입니다. 게다가 설령 욕망하는 것을 가졌다 하더라도 우리는 쉬지 못할 것입니다. 왜냐하면 그것을 가졌을 그때라도 그것이 우리에게 만족을 주지 못하기 때문입니다. 이러한 마음을, C. S. 루이스는 이렇게 표현합니다.

세상에 있는 온갖 것들은 우리가 바라는 것을 주겠다고 약속하지만, 결코 그 약속을 지키지는 못합니다. 처음 사랑에 빠졌거나 처음 이국異國을 그려 볼 때, 또는 처음 흥미로운 과목을 배울 때, 속에서 솟구치는 갈망은 결혼이나 여행이나 배움으로 채워질 수 없는 갈망입니다. 흔히 말하듯 그 결혼이나 휴가 여행이나 배움이 성공적이지 못할 때에만 그런 것이 아닙니다. 결혼이나 여행이나 배움이 최고의 것일 때에도 그렇습니다. 그 갈망을 처음 느낀 순간에는 잡을 수 있을 것 같았는데, 결국은 현실 속에서 사라져 버리고 마는 무언가가 있습니다. 여러분은 제가 지금 무슨 말을 하는지 잘 알 것입니다. 아내가 훌륭할 수도 있고, 여행 가서 묵은 호텔이 아름답고 경치가 빼어날 수도 있으며, 화학 연구가 흥미로울 수도 있습니다. 그런데도 무언가 아쉬운 것이 있습니다.[4]

## 나는 나의 것도, 다른 사람의 것도 아니다!

그렇다면 과거로 돌아가자는 말인가요? 아닙니다. 과거는 훨씬 더 억압적이었지요. 물론 지금 하는 고민을 좀 덜 하기는 했지요. "무슨 직업을 가져야 할까?" 하는 고민은 거의 하지 않았으니 말입니다. 하지만 지금 누리는 많은 자유를 누리지는 못했습니다. 저는 과거의 세계관으로 돌아가자고 말하는 것도, 현대의 세계관에 머무르자고 말하는 것도 아닙니다. 오히려 저는 제3의 대안이 있다고 말하고 싶습니다.

사실 "나는 누구인가?"라는 질문은, 엄밀히 말해 "나는 누구의 것인가?"라는 질문과 일맥상통합니다. 과거에는 이 질문에 대해 "나는 나의 의무와 역할이다."라고 대답함으로써 "나는 내가 속한 가정과 사회의 것이다."라고 생각했지요. 반면 현대에는 이 질문에 대해 "나는 나의 꿈과 욕망이다."라고 대답함으로써 "나는 나의 것이다."라고 생

4. C. S. 루이스, 『순전한 기독교』, 이종태, 장경철 옮김 (서울: 홍성사, 2001), 214쪽.

각합니다. 이제 저는 이러한 배경을 염두에 두고서, 사도 바울을 한 번 살펴보려고 합니다. 그는 자아 정체성을 어떻게 형성해야 하는지에 대해 우리 모두의 모범이 되기 때문입니다.

> "너희에게나 다른 사람에게나 판단 받는 것이 내게는 매우 작은 일이라 나도 나를 판단하지 아니하노니 내가 자책할 아무 것도 깨닫지 못하나 이로 말미암아 의롭다 함을 얻지 못하노라 다만 나를 심판하실 이는 주시니라"고전4:3~4

당시 바울은 심하게 판단 받고 있었습니다. 고린도교회는 바울파, 아볼로파, 게바베드로파 등으로 나뉘어 분열하고 있었고, 따라서 바울파가 아닌 다른 파는 바울을 비난하고 있었지요고전1:11~12. 타인에게 비판을 받는 것은 고통스러운 것이라는 사실을 누구나 인정할 것입니다. 특히 저와 같은 '관종'들에게는, 비판을 받는 일이 참으로 힘든 일입니다. 저는 종종 제 설교나 목회, 저술에 대해 비판을 받습니다. 그런 때는 밤에 잠이 오지 않을 정도로 힘들기도 합니다. 그때마다 내가 보이는 반응은 대체로 두 가지였는데, 하나는 "네가 뭔데 날 판단해?"라며 분노하고 부정하는 것이었고, 다른 하나는 "나는 형편없는 목회자야!"라며 자학하는 것이었습니다.

하지만 바울은 완전히 다른 태도를 취합니다. 그는 먼저 이렇게 말합니다. "너희에게나 다른 사람에게나 판단 받는 것이 내게는 매우 작은 일이라"3a절. 이로 보건대 바울은 마치 이렇게 말하는 것 같습니다.

"당신들이 나를 어떻게 생각하는지에 연연하지 않습니다. 사람들이 저를 어떻게 생각하든 괘념치 않습니다."[5] 자, 그렇다면 바울은 일종의 스웩Swag을 부린 것일까요? 이 단어를 모르시는 분들을 위해 부연 설명해서 표현해보자면, 마치 "너희들이 나를 뭐라고 평가하든 상관없어. 내가 생각할 때 나는 최고야. 나는 잘못한 것이 없어."라고 말하는 것일까요?

이러한 생각이 현대에서 서서히 인기를 얻고 있습니다. 가수 제시Jessi는 힙합 프로그램인 <언프리티 랩스타>에서 자신이 투표에 의해 꼴찌로 평가받자 이렇게 말합니다. "너희가 뭔데 나를 판단해?" 그리고 말하지요. "이 승자를 가리는 게임에서, 나는 CEO고 너희들은 다 병풍이야."[6] 즉 "너희들이 아무리 나를 판단해도 내가 생각하기에 나는 최고야!"라고 말한 것이지요. 자신이 떨어졌다는 이유로 다른 참가자들을 향해 분노했다는 것에 많은 사람들이 비난하기도 했지만, 어떤 사람들은 그녀의 솔직한 태도에 박수를 보내기도 했습니다. 그들 중에서 많은 사람들이 이렇게 반응했습니다. "그녀가 하는 일이 정당하고 옳은지는 모르겠지만, 그래도 속은 시원하군!" 저도 어느 정도는 그렇게 생각합니다. 그녀는 최소한 위선적이지는 않았지요.

그렇다면 이러한 생각이 우리를 위로해 줄 수 있을까요? 당신이 가

---

5. 팀 켈러, 『복음 안에서 발견한 참된 자유』, 장호준 옮김 (서울: 복있는사람, 2012), 36쪽. 이 책은 내가 지금 쓰고 있는 이 장과 관련해 가장 중요한 핵심 내용을 가르쳐 준 책이다. 사실 이 장은 팀 켈러가 쓴 이 책의 리메이크에 불과하다. 반드시 읽어보기를 추천한다.
6. https://youtu.be/B7kJ7pH_cds 최종접속 2021-05-18

수가 되고 싶어 오디션 프로그램에 나갔다고 가정해 봅시다. 멋지게 노래를 불렀지만 심사위원들이 당신을 떨어뜨렸습니다. 낙심하고 있는데 친구가 와서 "심사위원들이 좀 올드하고 노래 듣는 감각이 없네. 내가 듣기에는 네가 최고인데 말이야. 혹시 너한테 개인적으로 악감정 있는 거 아냐?"라고 말하면 위로가 될까요? 그렇지 않을 겁니다. 친구에게는 고맙겠지만, 당신이 진짜 실력이 있었다면 심사위원이 "저 사람 성품은 별로이긴 하지만, 실력은 있지."라고 말했을 것임을 알기 때문입니다.

바울은 지금 "남들의 평가는 상관없어. 내 판단이 중요해."라고 말하는 것이 아닙니다. 왜냐하면 이어서 "나도 나를 판단하지 아니하노니 내가 자책할 아무 것도 깨닫지 못하나 이로 말미암아 의롭다 함을 얻지 못하노라"3b~4a절라고 말하기 때문입니다. 즉 바울은 이렇게 말하는 셈입니다. "당신들의 비판을 듣고 나 스스로 잘못한 것이 있는지 생각해 보았습니다. 하지만 자책할 만한 것을 아무것도 보지 못했습니다." 보통 우리는 여기까지 생각이 미치면 "그러니 당신들이 나쁜 거야. 나는 옳고!"라는 식으로 반응합니다. 그러나 바울은 이어서 말합니다. "하지만 이로 말미암아 내가 의롭다 함을 얻지 못하노라"4절. 이는 이런 뜻입니다. "당신들이 나를 어떻게 생각하는지는 중요하지 않습니다. 심지어 제가 저를 어떻게 생각하는지도 중요하지 않습니다!"[7] 그리고 이어서 그는 이렇게 말합니다. "다만 나를 심판하실 이는

---

7. 위의 책, 38쪽.

주시니라".


## 그리스도와의 연합


여기서 바울은 과거의 사고방식도, 현대의 사고방식도 아닌 전혀 다른 세계관을 말해줍니다. 과거의 세계관에서는 이렇게 말할 것입니다. "나는 내가 소속된 집단의 것이다." 현대의 세계관은 이렇게 말하겠지요. "나는 나의 것이다." 하지만 바울은 이렇게 말합니다. "나는 나의 것도, 내가 소속된 집단의 것도 아니다. 나는 나를 심판하실 주님의 것이다!" 이것이 얼마나 바울을 자유롭게 했는지 아십니까? 앤서니 티슬턴이라는 신약학자는 이 3~4절을 가리켜 이렇게 말했습니다. "이것은 바울이 한 말들 중에서 기념이 될 만큼 자유하게 해 주는 진술이다."[8]

바울은 "네가 뭔데 날 판단해?"라고 말하지 않습니다. 그렇다고 "당신이 저를 그렇게 보시다니, 저는 정말 쓰레기에요."라고 말하지도 않습니다. 그는 교만하지도, 비굴하지도 않았지요. 오히려 그는 겸손한 동시에 담대했습니다. 그는 비판을 받을 때, "우선 알겠습니다. 저 스스로를 돌아보겠습니다."라고 말할 사람이었습니다. 그리고 자

---

8. Anthony C. Thiselton, *The First Epistle to the Corinthians: A Commentary on the Greek Text*, New International Greek Testament Commentary (Grand Rapids, MI: Eerdmans, 2000), p. 338.

기에게 잘못이 있다면 "제가 잘못했군요. 말해주어 고마워요. 회개할 수 있게 되었습니다."라고 말할 것이고, 스스로에게 잘못이 있다고 느껴지지 않는다면 "제게 잘못이 있는 것 같지는 않습니다. 하지만 이로 인해 내가 당당한 것은 아닙니다. 내가 당당하고 담대한 데는 다른 이유, 더 깊은 이유가 있습니다."라고 말할 것입니다. 그렇다면 그는 왜 비굴하거나 분노하는 대신, 담대하며 겸손할 수 있었던 것일까요?

여기서 우리는 바울의 자아 정체성을 아는 데 가장 중요한 교리인 '그리스도와의 연합'이라는 교리를 생각해 볼 필요가 있습니다. 시간을 내어 에베소서특히 1장나 로마서를 읽으며 "그리스도 안에", "그 안에서", "주 안에서" 등의 표현이 얼마나 자주 나오는지 확인해 보십시오. 바울 서신 전체에서 166회 정도 등장하는 표현입니다.[9] 이는 모두 '그리스도와의 연합'을 말해주는 표현입니다. 그리고 이것은 바울이 자기 자신이 누구인지를 이해하는 데 가장 중요하게 생각했던 교리이지요. 리젠트 칼리지에서 신약학을 가르쳤던 스벤 소더룬트 교수는 이렇게까지 말합니다.

> 오늘날 바울이 "그리스도인은 누구인가?"라는 질문을 받았다면, 아마도 그는 "그리스도인이란 '그리스도 안에' 있는 사람이다."라고 대답했을 것 같다.[10]

---

9. 제임스 휴스턴, 엔스 치머만, 『그리스도인은 누구인가』, 양혜원, 홍종락 옮김 (서울: IVP, 2021), 175쪽.
10. 위의 책, 173쪽.

그렇다면 그리스도와의 연합이란 무엇일까요? 이는 그리스도와 신자들 사이의 여러 관계를 요약하기 위해 사용된 성경의 문구입니다.[11]

성경은 우리와 그리스도와의 관계를 정말 다양하게 묘사하는데, 그 중 두 가지 예만 들도록 하겠습니다. 이 예들로도 어느 정도 개념은 잡히리라 생각합니다. 우선 첫 번째는 옷의 비유입니다.

"너희가 다 믿음으로 말미암아 그리스도 예수 안에서 하나님의 아들이 되었으니 누구든지 그리스도와 합하기 위하여 세례를 받은 자는 그리스도로 옷 입었느니라"갈3:26~27

여기서 바울은 "그리스도로 옷을 입어야 합니다!"라고 말하는 것이 아닙니다롬13:14은 그렇습니다. 그보다는 이미 이루어진 영단번의 사건을 말하고 있는 것입니다.[12] 즉 모든 그리스도인들은 이미 그리스도로 옷을 입은 것입니다. 어떤 사람이 잘 씻지 않아서 몸이 더럽고, 때가 끼어 있다고 합시다. 그렇다 한들 그가 깨끗한 옷을 입고 있다면, 다른 사람들은 그의 몸이 더럽다는 것을 알 수 없을 것입니다. 아니 그를 깨끗하게 보겠지요. 마찬가지로 그리스도를 믿는 사람들은 비록 죄인이지만, 하나님께서 보시기에 예수님만큼 의롭고 깨끗하다고 여겨집

11. Wayne Grudem, *Systematic Theology: An Introduction to Biblical Doctrine, Second Edition* (Grand Rapids, MI: Zondervan Academic, 2020), pp. 1031~1032.
12. 콘스탄틴 R. 켐벨, 『바울이 본 그리스도와의 연합』, 김규섭, 장성우 옮김 (서울: 새물결플러스, 2018), 418쪽.

니다. 놀랍지 않습니까? 또 다른 예를 들어보겠습니다. 이번에는 변호사 비유입니다.

> "나의 자녀들아 내가 이것을 너희에게 씀은 너희로 죄를 범하지 않게 하려 함이라 만일 누가 죄를 범하여도 아버지 앞에서 우리에게 **대언자**가 있으니 곧 의로우신 예수 그리스도시라"요일2:1

여기서 "대언자"라는 말을 자세히 살펴봅시다. 비록 이 말은 사도 요한이 한 말이지만, 우리는 요한과 바울이 같은 생각을 하고 있으리라는 것을 의심할 필요가 없습니다. 요한은 예수님께서 우리의 "대언자"가 되신다고 말합니다. 여기서 "대언자"라고 번역된 단어는 일종의 변호사를 가리킵니다.[13] 당신이 억울한 일로 고소를 당해 법정에 섰다고 합시다. 당신을 변호하는 것은 당신이 아닙니다. 변호사가 하는 것이지요. 비록 당신이 법에 대해 전혀 모르는 데다가 말주변도 없는 사람이라 하더라도 변호사가 뛰어난 법률가이며 탁월한 수사를 사용하는 사람이라면, 당신은 대단히 뛰어난 변론가가 됩니다. 변호사와 당신은 연합하고 동일시되니까요. 반대로 당신이 대단히 탁월한 법률가라 하더라도 당신의 변호사가 법을 잘 모르고 어눌한 사람이라면,

---

13. Moisés Silva, ed., "παράκλητος" in *New International Dictionary of New Testament Theology and Exegesis* (Grand Rapids, MI: Zondervan, 2014), p. 628. 또한 Colin G. Kruse, *The Letters of John*, Second Edition, Pillar New Testament Commentary (Grand Rapids, MI; Eerdmans, 2020), pp. 77~78을 보라.

당신 역시 그러한 사람으로 여겨질 것입니다. 변호사와 당신은 연합하고 동일시되니까요.

마찬가지로 그리스도께서도 바울과 더불어 연합하셨습니다. 그리고 당신과 더불어 연합하셨습니다. 당신이 그분을 믿고 있다면요. 여기서 바울의 당당함을 발견합니다. 심지어 성부 하나님께서도 바울을 의롭다고 여기셨습니다롬8:33. 그렇다면 누가 감히 바울을 판단할 수 있겠습니까? 그래서 바울은 말합니다. "누가 정죄하리요?"롬8:34 그러나 이 말은 제시의 말과 같지는 않습니다. 제시는 "내가 최고인데 누가 나를 판단해?"라고 말하는 것이지만, 바울은 "나와 연합하신 그리스도께서 최고이신데, 누가 나를 판단하리요?"라고 말하는 것입니다. 여기서 바울의 겸손이 나옵니다.

바울은 자신이 그리스도와 연합하여 완전히 의롭다고 여기면서도, "죄인 중에 내가 괴수니라"딤전1:15라고 말할 만큼 겸손합니다. 그렇다고 이 말이 자기연민과 자학으로 가득 찬 말은 아닙니다. 그는 자신이 의로운 동시에 죄인이라고 믿습니다. 그래서 당당한 동시에 겸손한 것입니다. 자신의 의로움이 자기에게 근거를 두고 있지 않기 때문입니다. "나는 연약합니다. 그러나 나와 연합하신 그리스도께서는 강하십니다. 나는 죄인이지만, 나의 옷이신 그리스도께서는 깨끗하십니다." 마르틴 루터도 동일한 진리를 발견했는데, 고신대학교의 우병훈 교수는 이와 관련해 이렇게 설명합니다.

루터는 신자의 이러한 측면을 '죄인이자 의인*simul iustus et*

*peccator*'이라는 말로 요약했다. 우리가 그리스도를 믿어 그분과 연합하고 의인이 되었지만, 그럼에도 불구하고 우리의 경험 속에서는 여전히 죄를 짓는 자신을 발견한다는 뜻이다. 신자는 내적으로 항상 죄인이다. 따라서 항상 외적으로 의롭게 된 자들이다. 신자는 병든 동시에 건강한 사람이다. '의로운 자들*justi*'이기보다는 '의롭게 된 자들*justificati*'이다.[14]

## 우리의 유일한 위로: 내가 내 것이 아니라는 것!

나는 나의 것이 아니기에 안심입니다. 만일 내가 나 같은 죄인의 것이라면 나는 늘 불안할 수밖에 없기 때문입니다. 나는 내가 속한 집단의 것도 아니기에 안심입니다. 내가 속한 집단 역시 죄인들이고, 연약한 존재들이기 때문입니다. 그러나 내가 나의 것이 아니고 나를 위해 죽으신 분, 나와 자신을 동일시하시는 분의 것임을 알게 된다면, 얼마나 큰 당당함과 위로를 얻겠습니까? 이러한 위로를 16세기 팔츠지금의 독일의 신앙 선배들은 이렇게 표현했습니다.

문: 살아서나 죽어서나 당신의 유일한 위로는 무엇입니까?
답: 살아서나 죽어서나 나는 나의 것이 아니요, 몸도 영혼도 나

---

14. 우병훈, 『처음 만나는 루터』, (서울: IVP, 2017), 235쪽.

의 신실한 구주 예수 그리스도의 것입니다. 그리스도께서는 그의 보혈로 나의 모든 죗값을 완전히 치르고 나를 마귀의 모든 권세에서 해방하셨습니다.

하이델베르크 요리문답 제1문답

"나는 나의 것이 아니다."라는 것이 어떻게 위로가 됩니까? 많은 현대인들은 이것을 의아하게 생각할 것입니다. "내 인생이 내 것이어야 위로가 되지, 어떻게 내 인생이 내 것이 아니라는 것이 위로가 되는 것이지?" 그러나 내 인생이 나보다 훨씬 더 지혜롭고 훨씬 더 사랑이 많으신 분, 나보다 훨씬 더 능력 있는 분의 것이라면, 비로소 나는 자유로울 수 있습니다! 그리고 그때, 곧 당신이 당신의 주재권을 주께 내어 드릴 그때, 당신은 비로소 진정한 자아를 찾게 됩니다.

스마트폰이 하나 있다고 합시다. 그런데 이 스마트폰이 문명이 없는 곳에 떨어졌습니다. 아직도 원시사회와 비슷한 삶을 사는 사람 하나가 이 폰을 들고, 무엇에 쓰는 물건인지 몰라 못을 박는 데 사용했다고 합시다. 물론 못이 박히긴 하겠지만, 스마트폰은 **많은 상처를 입게 될 것**입니다. 그래서 스마트폰이 도망쳐 버렸다고 합시다. "내 인생은 내 것이야! 내가 원하는 대로 살겠어!" 그러면 어떻게 될까요? 그냥 아무 기능도 하지 못하고 남아 있겠지요. **공허해집니다.** 당신의 인생이 남의 것일 때, 당신은 상처를 입을 것입니다. 하지만 당신의 인생이 당신의 것일 때, 당신은 공허해질 것입니다.

그런데 스마트폰을 설계하고 제작한 엔지니어 하나가 이 폰을 소유하게 되었다면 어떨까요? 그는 소중히 이 폰을 거두어들여 닦아주고 고쳐줄 것입니다. 전원을 연결하고 온갖 어플리케이션을 설치하겠지요. 그러면 스마트폰은 깨닫게 됩니다. **내가 진정으로 작동하고 있다는 것을. 내 자아와 목적, 의미, 가치를 찾았다는 것**을. 당신이 당신을 만드시고 사랑하신 분께 소유될 때, 당신은 그때서야 진짜 자기를 찾게 됩니다! 심지어 예수님께서는 이 엔지니어보다 훨씬 더 좋으신 분입니다. 그분께서 우리와 자신을 동일시하셨기 때문입니다.


## 우리와 자신을 동일시하신 분께로

동일시는 끔찍한 일입니다. 우리는 우리보다 못한 사람과 우리를 동일시하기를 원치 않습니다. 성품이 나쁘고 인기가 없는 사람과 자신을 동일시하려는 사람은 없습니다. 내가 생각할 때 나보다 못생긴 것 같은 사람과 나를 닮았다고 하면, 우리는 슬쩍 기분 나빠집니다. 제게도 이런 일이 있었습니다. 제가 섬기는 교회의 청년을 만나기 위해 어느 광장에서 기다리고 있었습니다. 그리고 거기에서 큰 TV를 보고 있었지요. 십수명의 사람들이 누군가를 기다리며 TV를 보고 있었고, 마침 나오는 뉴스에서는 사회적으로 물의를 일으킨 한 목사의 일을 폭로하는 이야기가 나왔습니다. 멍하니 그걸 바라보고 있는데 멀리서 제가 기다리던 그 청년이 손을 흔들며 반갑게, 그것도 아주 큰 소리로 이렇게 외쳤습니다. "목사님~!! 저 왔어요~!"

거기 모여 있던 모든 사람들이 저를 쳐다보았고, 저는 얼굴이 빨개졌습니다. 정말 너무 싫었습니다. 이렇게 말하고 싶었습니다. "제가 목사이긴 하지만, 저렇게 나쁜 사람은 아니라고요!" 물론 그렇게 할 수 없었고, 그냥 줄행랑을 쳤습니다! 그 청년은 얼이 빠져 있었지요. 그리고 이후에 우리 교회 청년들에게는 밖에서 저를 만나면 부장님이라고 부르라고 일러두었지요.

왜 저는 도망쳤을까요? 그 목사와 제가 동일시되는 것이 싫었기 때문입니다! 저는 그런 류의 목사와 한통속으로 보이고 싶지 않았습니다. 저는 더 나은 사람이라고 생각했으니까요. 그러나 우리 주님께서는 저와 자신을 동일시하셨습니다. 그분께서는 완전히 의로운 분이시지만, 최악의 죄인인 저와 같은 취급을 받으셨습니다. 제가 마땅히 받아야 하는 진노와 저주를 받으시되, 비난과 욕과 멸시도 함께 받으셨습니다. 죄가 없는데도 죄인처럼 취급받으셨습니다. 그분께서는 살인자요, 강간범이요, 사기꾼이고, 파렴치한이며, 최악의 독재자처럼 취급받으셨습니다. 왜요? 죄인들과 자신을 연합시키기 위해서요!

그리스도께로 오십시오. 그분을 알아가십시오. 진지하고 깊이 있게 이 사실을 탐구해 보십시오. 당신이 아직 예수 그리스도를 주와 구주로 영접하지 않은 사람이라면, 그분의 삶과 죽음, 부활을 탐구해 보십시오. 우선 신약성경의 복음서를 읽어보십시오. 그리고 당신을 도울 그리스도인들을 찾아보십시오. 반면 당신이 그리스도인이라면, 이 사실을 자문해 보십시오. 예수 그리스도께서 당신과 하나가 되셨는데, 왜 당신은 다른 곳에서 자아를 찾나요? 왜 당신은 비판을 받을 때 움

츠러들거나 분노하나요? 왜 당신은 죄책감에 시달리다가도 작은 것만 성취하면 바로 우쭐해지나요? 왜 당신은 주변 사람들로부터 자존감을 찾으려 하나요? 왜 당신은 자기 자신으로부터 의미와 가치를 느끼려 하나요? 이미 그리스도께서 당신과 연합하셔서, 당신의 옷이 되셨는데 말입니다! 그분을 보십시오. 그리고 이 말을 곱씹어 보셨으면 좋겠습니다.

> 직접 그리스도 앞에 선 자아는 하나님 편에서의 엄청난 양보에 의해 강화된 자아, 즉 이 자아를 위해 하나님께서 친히 태어나시고, 인간이 되시고, 수난을 겪으시고, 또 죽으셨기 때문에 엄청난 무게가 더해지고 강화된 자아이다.[15]

15. 쇠렌 키르케고르, 『죽음에 이르는 병』, 임규정 옮김 (서울: 한길사, 2007), 228쪽. 필자가 표현을 다듬었다.

# <나눔을 위한 질문>

1. '태어남 당하다'라는 말을 들어보신 적이 있습니까? 혹은 삶이 고통스러워서 이런 자조 섞인 말을 해보신 적이 있습니까? 먼저 자신의 이야기를 해 봅시다. 자신의 현재 모습이 어떤지, 이런 말을 하고 싶은지 또는 이런 말에 대해 어떻게 생각하는지 등. 그리고 만일 이러한 말을 누군가가 당신에게 한다면 뭐라고 대답해 줄 수 있을지도 나누어 봅시다.

2. "나는 누구인가?"라는 질문에 대해 과거 시대가 대답한 것과 현대 시대가 대답하는 것을 비교해서 설명해 봅시다. 그리고 현대의 세계관이 가지고 있는 네 가지 함정을 말해 봅시다.

3. 고린도전서 4장 3~4절을 읽어보고, 바울이 지닌 자신에 대한 인식을 설명해 봅시다. 그리고 그것은 '내 인생은 공동체의 것'이라고 배웠던 과거의 세계관과 어떻게 다르고, 또 '내 인생은 나의 것'이라고 배우는 현대의 세계관과는 어떻게 다를지 이야기해 봅시다.

4. 다른 사람의 평가나 판단을 받을 때, 그 판단 때문에 우쭐해지고 높아진 적은 없는지, 아니면 반대로 그 판단 때문에 자괴감을 느끼며 절망해 본 적은 없는지 나누어 봅시다. 그런데 다른 사람의 평가나 판단 때문에 이런 두 가지 감정을 계속 반복하여 경험하는 것은 우리를 불안하게 하지는 않습니까? 우리는 어떻게 해야 이러한 불안에서 탈출할 수 있을까요?

5. '그리스도와의 연합'이라는 교리를 설명해 봅시다. 바울은 두 가지 비유로 이 교리를 설명합니다. 그 두 가지 비유를 예로 들어가며 설명해 봅시다.

6. 스마트폰의 예화를 떠올려 보고, "내가 나의 것이 아니고 하나님의 것"이라는 사실이 우리에게 위로가 되는지, 위로가 된다면 어떻게 위로가 되는지 생각해 보고 말해 봅시다.

7. "예수 그리스도께서 당신과 하나가 되셨는데, 왜 당신은 다른 곳에서 자아를 찾습니까? 왜 당신은 비판을 받을 때 움츠러들거나 분노합니까? 왜 당신은 죄책감에 시달리다가도 작은 것 하나만 성취해도 금방 우쭐해집니까? 왜 당신은 주변 사람들로부터 자존감을 찾으려 합니까? 왜 당신은 자기 자신으로부터 의미와 가치를 찾고 또 느끼려 합니까? 이미 그리스도께서 당신과 연합하셔서, 당신의 옷이 되셨는데 말입니다!" 이와 같은 질문에 각자 자신의 대답을 말해 봅시다. 그리고 어떻게 우리의 자존감과 정체성이 불안에서 벗어날 수 있는지 생각해 봅시다.

2장

# 내 인생의 목적은
# 무엇인가?

"그런즉 너희가 먹든지 마시든지 무엇을 하든지 다 하나님의 영
광을 위하여 하라"고전10:31

이 말씀은 너무 단정적이고 폭력적으로 들립니다. 우리는 인생의
목적을 우리가 정할 권리를 가졌다고 느끼기 때문입니다. 아무리 하
나님이시라 하더라도, "네 목적은 내가 정한다. 그것은 나를 영화롭
게 하는 것이다."라고 말한다면, 그건 좀 너무하다고 느껴지지 않습니
까? 최소한 두 가지 측면에서 그렇습니다. 첫째로는 내 인생의 목적
을 내가 정할 권리가 없다는 것에 대한 반감이 들기 때문이고, 둘째로
는 그 목적이 바로 '하나님의 영광'이라니 좀 이기적으로 들리기 때문
입니다.


## 선택은 늘 자유를 주는가?

유시민 작가는 독특한 이력을 가진 사람입니다. 그는 젊을 때 민주
화운동에 투신하여 옥살이까지 했고, 정치에 참여하여 장관까지 지내
보았으며, 지식소매상으로서 정치, 경제, 역사, 글쓰기, 여행 등에 걸쳐
다양한 저술들을 내놓은 작가이기도 합니다. 그에 대한 평가는 자신
의 정치적 입장에 따라 엇갈릴 수 있겠지만, 대단한 이력을 가졌다는
것에는 누구도 이의를 제기하지 않겠지요. 개인적으로 그의 글쓰기와
글맛을 좋아하기에 신간이 나오면 꼭 챙겨보는 편입니다. 그는 정치

를 은퇴하고 나서 쓴 그의 저술에서, 인생의 목적과 의미에 대해 이렇게 말해줍니다.

인생에서 가장 중요한 것은 '자기 결정권'을 행사하는 일이다. '자기 결정권'이란 스스로 설계한 삶을 옳다고 믿는 방식으로 살아가려는 의지이며 권리이다. …… 사람마다 인생을 다르게 산다. 평생 공부하는 사람, 노래하고 춤추는 사람, 돈을 버는 데 골몰하는 사람, 일만 하는 사람, 권력을 좇는 사람, 신을 섬기는 사람 등 백 사람이 있으면 백 가지의 삶이 있다. 어느 것이 더 훌륭한 지 가늠하는 객관적 기준은 없다. 스스로 설계하고 선택한 것이라면 어떤 삶이든 훌륭할 수 있다.[1]

혹시 이 말이 위로가 되셨나요? 꼭 이 말이 아니더라도 전에 이와 비슷한 말을 듣고 위로나 용기를 얻은 적이 있으셨나요? 인생의 목적을 스스로 정하고 선택하라는 말, 그리고 그 선택은 무엇이든 훌륭하다는 말은 듣는 사람에게 해방감과 자유를 주는 것 같습니다. 그러나 조금만 더 깊이 생각해 봅시다. 우리는 선택이 늘 자유를 주는 것만은 아님을 알 수 있으니까요.

미국의 사회행동학자 배리 슈워츠는 재미있는 이야기를 하나 해줍니다. 청바지가 하나 필요해서 사러 갔는데, 점원이 꼭 끼는 것, 무난

1. 유시민, 『어떻게 살 것인가』 (파주: 아포리아, 2013), 37~38쪽.

한 것, 편안한 것, 헐렁한 것, 아주 헐렁한 것 중에서 하나를 고르라고 했다는 것입니다. 이어서 세척 방식을 묻기 시작하는데, 돌세척, 산세척, 단추형, 지퍼형, 탈색형, 표준형 등을 나열하며 어떤 청바지를 원하느냐고 물었다는 것이지요. 어안이 벙벙해진 슈워츠 교수는 이렇게 말했다고 합니다. "그냥 평범한 청바지를 원해요."[2] 결국 그는 모든 것을 입어보기로 하고 청바지 하나를 사는 데 하루를 소비하게 되었다지요. 그러고 나서 그는 이렇게 말합니다.

> 우리가 직면하는 선택들의 수가 늘어나면서 **선택의 자유는 결국 선택의 독재가 된다.** 일상적인 결정을 하는 데도 시간과 관심이 너무 많이 필요해 하루가 고단하다. 이와 같은 상황에서 우리는 다양한 가능성들에 대한 제약을 제한적이 아니라 해방적인 것으로 보아야 한다. …… 규칙에 따라 결정을 할 때 우리는 굳이 힘든 결정을 매번 내릴 필요가 없다. 규칙 따르기는 시간과 관심을 해방시켜, 규칙이 적용되지 않는 선택과 결정을 할 때 그것들을 사용할 수 있게 해준다.[3]

혹시 마트에 가서 버터를 하나 사려고 하는데 종류가 너무 많아서 혼란스러웠던 적이 없나요? 물론 당신이 버터 종류에 대해 **아주 잘 안다면,** 어떤 버터가 어느 요리에 더 잘 어울리는지 안다면, 선택의 기

---

2. 배리 슈워츠, 『선택의 심리학』, 형선호 옮김 (서울: 웅진지식하우스, 2005), 7쪽.
3. 위의 책, 240쪽. 필자가 강조함.

회가 많을수록 자유로울 것입니다. 그러나 전혀 모른다면 오히려 선택에 속박될 것입니다. 제일 싼 것을 고르자니 불안하고, 비싼 것을 고르자니 가성비가 맞지 않을 것 같습니다. 우리가 원하는 적은 '적당한 것'인데, 중간 정도의 가격이 꼭 적당하리라는 보장은 없지요. 하다 못해 버터 하나를 고를 때도 이 정도인데, 인생의 목적을 성취하는 데 마음껏 선택하라고요? 무엇을 선택하든 훌륭하다고요? 물론 이러한 말이 우리에게 진정한 자유를 줄 수도 있습니다. 우리가 **인생을 아주 잘 안다면**요.

하지만 우리가 인생을 잘 알고 있나요? 우리는 인생은커녕 직업이 무엇인지도 잘 알지 못합니다. 어렸을 때 제 아버지는 여러 번 제 꿈을 물으셨고 저는 딱히 무슨 직업이 있는지를 몰라 그냥 "대통령이요."라고 대답했습니다. 아버님은 흐뭇해 하셨지만, 그때 제가 대통령이 무슨 일을 하는지 알았다면 절대로 대통령이라 말하지 않았을 것입니다. 많은 청년들은 꿈을 품고 좋은 직장에 원서를 내지만, 면접 때 "지원하신 직군이 무슨 일을 하는지 알고 있나요?"라는 질문을 받으면 "열심히 하겠습니다!"라는 말 외에는 할 수 없습니다. 그리고 그 직장에 들어가 일하게 되면 자신의 선택이 훌륭하지 못했음을 깨닫게 되지요.

직업이 무엇인지도 잘 모르는 우리가 가정, 교육, 육아에 대해서는 잘 알까요? 좋은 인간관계에 대해서는 잘 알까요? 혹시 나이가 든 사람이라면 잘 알거라고 생각하나요? 성경은 "어른이라고 지혜롭거나 노인이라고 정의를 깨닫는 것이 아니니라"욥32:9라고 말합니다. 주변의 어른들이 늘 존경할 만하고 훌륭한 사람인가요? 오히려 초라하고 꼰대 같으며 이상해 보이지는 않나요? "내가 늙어도 저런 사람이 되지는 않을 거야."라고 결심한 적은 없나요? 당신이 본 그 어른도 당신 나이에는 그런 결심을 했을지도 모릅니다. 결론은, 우리는 인생을 잘 모른다는 것입니다. 따라서 인생을 '스스로 설계하고 선택하는 것'은 우리에게 자유가 아닙니다. 오히려 속박이지요. 그래서 팀 켈러 목사는 이렇게 말합니다.

> 전통적인 사회에서는, 좋은 아들, 좋은 딸, 좋은 남편, 좋은 아내, 좋은 아버지, 좋은 어머니가 되는 것으로, 우리는 사회가 요구하는 모든 걸 수행하는 셈이었다. 그 일이 조금은 갑갑하고 아득해 보였지만, 인정의 문턱이 불가능할 정도로 높지는 않았다. 그런데 현대적인 정체성 개념은 우리에게 **허허벌판에서 스스로 자아를 창조하라고 등 떠민다.** 우리 스스로 꿈, 그것도 아주 생생한 꿈을 규정하고, 그것을 성취하라고 말이다. 그게 안 되면 실패자라고 느낄 것이다. …… 바로 이 대목에서 **기독교의 가르침은 상당한 해방으로 인식될 수 있다.** …… 우리의 정체성은 얻어내는 게 아니라 주어지는 것이다.[4]

인생의 창조자요 설계자가 피조물에게 목적을 주는 것은 압제가

---

4. 팀 켈러, 『설교』, 채경락 옮김 (서울: 두란노. 2016), 185~186쪽.

아닙니다. 오히려 해방이지요. 신입사원으로 처음 입사한 당신에게 상사가 아무런 업무 인계나 지시도 하지 않고, "회사에서 당신이 무엇을 하든 당신의 자유입니다. 당신의 일을 설계하고 선택하며 창조해 내세요."라고 말한다면 그것이 해방일까요? 아무것도 모르는데? 그러한 상사가 좋은 상사인가요? 오히려 업무의 목적과 한계를 소상히 설명해주고, 그 안에서 제한된 재량권을 주며, 실패했을지라도 책임을 져주고 다시 기회를 주는 상사가 좋은 상사일 것입니다. 우리 하나님께서도 그런 분이십니다. 당신을 만드시고, 궁극적인 목적을 주시며, 그 안에서 자유와 재량권을 주시되, 실패하더라도 용서하시고 인도하시는 분이지요.

## 하나님의 영광을 위하여? 이기적인 것 아니야?

그렇다면 이제 우리 인생의 목적이 '하나님의 영광을 위한 것'이라는 것을 좀 고려해 봅시다. 인생의 목적을 창조주가 정해놓는 것이 우리에게 자유가 된다고 하더라도, 하필 그 목적이 창조주 하나님의 영광을 위한 것이라는 사실이 우리를 흠칫하게 합니다. 아무리 하나님이시라 하더라도 이것은 너무 이기적인 것이 아닌가 싶은 것이지요. 유명한 영화배우 브래드 피트는 어렸을 때 아주 보수적인 침례교 가정에서 자랐는데, 그가 신앙을 떠난 이유 역시 하나님께서 자신을 찬양하라고 말하는 것을 보며 지나치게 자기도취적인 것 같았기 때문이

라고 밝혔습니다.[5]

그러나 조금만 더 깊이 생각해 봅시다. 성경이 말하는 '하나님을 영화롭게 하는 것'은 우리를 강제하여 찬송가를 부르는 기계로 만들겠다는 말이 아닙니다. 우선 성경 몇 구절을 살펴보도록 하지요.

"온 땅이여 하나님께 즐거운 소리를 낼지어다
그의 이름의 영광을 찬양하고 영화롭게 찬송할지어다"시66:1~2

여기서 시인은 하나님께 "즐거운 소리를 내라"라고 명령하고1절, 또한 "영광을 찬양하고 찬송하라"라고 명합니다2절. 이는 두 가지 명령이 아닙니다. 히브리시의 전형적인 평행법이지요.[6] 즉 하나님을 즐거워하는 것과 영화롭게 하는 것은 같은 것입니다. 따라서 하나님을 영화롭게 하라는 명령은 하나님을 즐거워하라는 명령과 같습니다. 이러한 생각은 17세기 영국에서 작성된 웨스트민스터 소요리문답 제1문답에도 잘 반영되어 있습니다.

---

5. https://www.christianpost.com/news/brad-pitt-no-longer-identifies-as-atheist-says-he-was-just-being-rebellious.html 최종접속 2021-05-19. 원문 "You have to acknowledge me. You have to say that I'm the best, and then I'll give you eternal happiness. If you won't, then you don't get it!"
6. John Goldingay, Baker *Commentary on the Old Testament: Psalms 42-89*, ed. Tremper Longman III, vol. 2 (Grand Rapids, MI: Baker Academic, 2006), p. 288.

문: 인간의 제일 되는 목적은 무엇입니까?

Question 1: What **is** the chief end of man?

답: 인간의 제일 되는 목적은 하나님을 영화롭게 하고 그분을 영원토록 즐거워하는 것입니다.

Man's chief end **is** to glorify God, **and** to enjoy him for ever.

자세히 보십시오. 분명히 질문은 단수is로 묻습니다. 인간의 제일 되는 하나의 목적이 무엇이냐고요. 그리고 답 역시 단수로 받습니다 Man's chief end **is**. 그런데 그 단수의 답이 하나님을 영화롭게 하는 것과 **그리고and** 그분을 영원토록 즐거워하는 것이라고 말합니다. 왜 그랬을까요? 왜 단수로 물어보고는 답을 두 개로 답하는 것일까요? 존 파이퍼 목사의 대답을 들어봅시다.

'그리고'라고? 햄 '과' 계란처럼 말인가? 가끔은 하나님을 영화롭게 하기도 하고 또 가끔은 그분을 즐거워하기도 하라는 뜻인가? 주님의 영광을 얻고, 간혹 우리는 즐거움을 얻는다는 말인가? '그리고'는 아주 모호한 말이다! 이 둘을 어떻게 서로 관련지을 수 있는가? 분명히 옛 신학자들은 이 두 가지가 다른 것을 말한다고 생각하지 않았을 것이다. 그들은 이것이 '제일 되는 목적'이라고 했지, '제일 되는 목적들'이라고 하지 않았다. **그들에게는 하나님을 영화롭게 하는 것과 그분을 즐거워하는 것이 하**

**나의 목적**이었지 두 목적이 아니었다.[7]

그렇다면 두 개가 하나라는 것은 무엇을 의미할까요? 하나님을 영화롭게 하라는 명령은 하나님을 즐거워하라는 명령과 같습니다. 즉 하나님께서 "나를 영화롭게 하라!"라고 명령하실 때 그것은 "너희는 내 안에서 행복하라!"라고 명령하시는 것과 같다는 것입니다. 게다가 성경은 우리가 하나님을 즐거워하지 않는데 그분을 영화롭게 하는 것은 잘못이라고 말합니다. 이것을 가리켜 외식혹은 위선이라고 말하지요. 다음의 말씀을 봅시다.

> "이 백성이 입술로는 나를 공경하되 마음은 내게서 멀도다"마
> 15:8; 참고. 사29:13

여기서 '공경하다'라는 단어는 사실 '찬양하다'라는 의미도 지니고 있습니다.[8] 즉 예수님께서는 마음이 없는 방식의 찬양또는 공경은 잘못되었다고 말씀하시는 셈입니다. 이는 일상생활에서도 흔히 적용되는 것입니다. 존 파이퍼 목사는 이 개념을 다음의 예를 들어 설명합니다.

---

7. 존 파이퍼, 『하나님을 기뻐하라』, 박대영 옮김 (서울: 생명의말씀사, 2009), 19쪽.
8. Johannes P. Louw and Eugene Albert Nida, "τιμάω" in *Greek-English Lexicon of the New Testament: Based on Semantic Domains* (New York: United Bible Societies, 1996), p. 734.

결혼을 기념하러 저녁에 아내를 데리고 외식을 나왔는데, 아내가 "왜 이렇게 하시죠?"라고 물었다고 하자. 이때 아내를 존중하는 가장 적절한 대답은 "오늘밤 당신과 함께 있는 것보다 더 행복한 것은 없기 때문이라오."일 것이다. "그건 내 의무요."라는 대답은 아내에게 수치를 줄 것이다. "그건 내 기쁨이요."가 존중이다.[9]

우리의 예배와 찬양이 단순히 의무라면, 하나님을 영화롭게 하지 못할 것입니다. 오히려 하나님을 즐거워하는 결과로 예배와 찬양을 드릴 때에야 비로소 하나님을 영화롭게 하는 것이지요. 따라서 우리는 하나님을 즐거워함으로 하나님을 영화롭게 할 수 있습니다. 이러한 의미에서 성경이 지속적으로 말하고 있는 "하나님을 찬양하라!"라는 명령도 생각할 수 있지요. 찬양은 단순히 우리의 즐거움을 표현해 줄 뿐만 아니라 완성해 주기 때문입니다.[10]

예를 들어볼까요? 제가 당신에게 아주 맛있는 스테이크를 대접한다고 합시다. 좋은 식당으로 가서 스테이크를 굽습니다. 그리고 당신에게 말하지요. "얼마든지 먹어요. 가장 비싼 메뉴라도 상관없어요. 양껏 드세요." 기분이 어떨까요? 아주 좋을 겁니다. 신나게 먹겠지요. 하지만 제가 당신에게 이러한 조건을 걸었다고 합시다. "그러나 식사하는 내내 음식에 대해서는 한 마디도 하지 마세요." 그렇다면 어떨까

9. 존 파이퍼, 『하나님을 기뻐하라』, 117쪽.
10. C. S. 루이스, 『시편사색』, 이종태 옮김 (서울: 홍성사, 2004), 136쪽.

요? 여전히 스테이크는 맛있을 겁니다. 하지만 맛을 누리는 기쁨은 약간 경감되겠지요. 기쁨이 완성되려면 어떻게 해야 할까요?

음식에 대해 대화를 나누는 것입니다. 누군가 말합니다. "우와~ 고기가 아이스크림처럼 살살 녹아요." 당신이 말합니다. "풍미가 진하고 입에 착착 감기는데요!" 제가 말합니다. "이건 새우 살이네. 등심에 붙은 새우 살은 소고기 중 가장 부드럽고 맛있는 부위에요. 지방이 고르게 분포되어 풍미도 좋고, 육향도 풍부하지요. 굽기도 잘 구웠네요. 간도 좋고요. 너무 맛있지 않아요?" 이런 대화에서 우리는 감흥이 생기고, 고기를 먹는 기쁨은 배가되며 완성되지요. 찬양은 단순한 의무가 아닙니다. 찬양은 기쁨을 완성하고, 기쁨은 찬양으로 이어집니다.

많은 사람들은 하나님께 자신의 자원시간, 돈, 재능 등을 드림으로 하나님을 영광스럽게 할 수 있다고 오해합니다. 하지만 성경은 그렇게 말하지 않으며, 사실 우리가 가지고 있는 모든 자원이 이미 하나님의 것이라는 것을 생각하면 어불성설입니다. 오히려 우리는 하나님을 기뻐함으로 하나님을 영화롭게 합니다. 고기를 맛보듯 그분을 맛볼 때, 그분을 알아갈 때, 그분으로부터 흘러나오는 넘치는 사랑과 은혜를 누리고 기뻐할 때, 우리는 그분을 찬양하고 예배하게 됩니다. "할렐루야! 그분은 정말 위대하셔! 정말 사랑스러우신 분이야! 그토록 대단하신 분을 내가 알고 있다니!" 그때 하나님께서는 우리 안에서 영광을 받으십니다.

## 이때 하나님께 생기는 의무(?)

이렇게 하나님을 즐거워하는 것이 하나님을 영화롭게 하는 방식이라면, 그래서 하나님께서 우리에게 "나를 찬양하라! 나를 영화롭게 하라!"라고 명령하시는 것이 "나를 기뻐하라."라는 명령과 같은 것이라면, 이 명령을 하시는 하나님께서는 스스로에게 의무를 하나 떠안기시는 셈이 됩니다. 만일 제가 당신에게 "스테이크를 기뻐하라. 스테이크를 찬양하라!"라고 말하면, 저는 당신이 스테이크를 기뻐하게 하기 위해 스테이크를 사주어야 합니다. 마찬가지로 하나님께서 "나를 기뻐하라!"라고 명하실 때, 그분께서는 우리에게 자신을 보여주시고 맛보게 해주셔야 하는 의무를 스스로 짊어지시게 됩니다.

그래서 하나님의 영광을 위해 살라는 명령은 우리에게 기쁜 소식이 됩니다. 달리 말하자면, 하나님께서는 우리에게 "내가 너희에게 나를 숨기지 않고 보여주겠다. 내가 나의 전 존재를 주겠다. 내가 너희에게 무엇보다도 위대하고 아름다운 나 자신을 주겠다."라고 약속하신 셈입니다. **그리고 그 하나님을 알고, 누리고, 맛보고, 즐거워하는 것이 우리 인생의 목적인 것이지요.** 그때 우리는 늘 그분을 영화롭게 할 것입니다.

그렇다면 우리는 "하나님께서 너무 이기적이신 것 아니야?"라는 질문에 대답할 수 있습니다. 인생의 목적을 하나님을 즐거워하는 것으로 주지 않으시는 하나님은 자신을 우리에게 보여줄 의사가 없는 하나님이십니다. 기독교를 제외한 대다수의 종교들은 하나님 자신을 상으로 제시하지 않습니다. 하나님께 무언가를 바치면 그에 상응하여 무언가를 주는 신을 제시할 뿐입니다. 그러나 성경의 하나님께서는 무엇보다도 자기 자신을 주려 하십니다. 자신을 영화롭게 하라고 명령하지 않는 신은 자신을 즐거워하라고도 명령하지 않는 신이며, 결국 자신을 인간에게 드러내지도 않으려 할 것입니다. "네가 나를 기뻐하든 말든 그건 상관없다. 나랑 인격적 관계를 맺든 말든 상관없다. 그저 내게 순종만 해라."라고 말하는 신을 받아들일 수 있겠습니까?

그러나 우리 하나님께서는 당신이 그분을 기뻐하기를 원하십니다. 인격적 관계를 맺기 원하신다는 것이지요. 그리고 그것이 바로 당신의 목적이라고 말씀하십니다. 그리고 당신 인생의 목적이 성취가 아니라 즐거움이라면, 당신은 얼마든지 가치 있고, 의미 있으며, 아름다울 수 있습니다. 성취하는 사람도 실패하는 사람도 있겠지만, 영혼을 가진 존재라면 누구나 다 즐거워할 수 있기 때문입니다. 당신이 젊든 늙었든, 약하든 강하든, 성취했든 실패했든 상관없습니다. 그 어떤 상황에서든 당신은 의미 있고 위대한 삶을 살 수 있는 것입니다.


## 그렇다면 어떻게 하나님을 영화롭게 할 것인가?

그렇다면 어떻게 이 최종 목적을 성취할 수 있을까요? 이 질문은 "어떻게 하면 내가 하나님을 최고로 즐거워할 수 있을 것인가?"와 같은 질문입니다. 간단히 몇 가지만 생각해 봅시다.

## 첫째, 상위 목적과 하위 목적을 구분하라

우선 생각해야 하는 것은, 하나님을 영화롭게 하는 것이 우리 인생의 '최고의 목적the chief end'이라는 것입니다. 이는 '하위 목적'과 구분되는 것입니다.[11]

예를 들어볼까요? 제가 건강을 위해 다이어트를 한다고 합시다. 그렇다면 건강이 상위 목적이고 다이어트가 하위 목적일 것입니다. 그러나 다이어트를 무리하게 한 나머지 건강을 해쳤다면, 하위 목적은 성취했지만 상위 목적은 실패한 셈이 됩니다. 마찬가지로 우리는 삶에서 상위 목적과 하위 목적을 헷갈려서 삶을 실패했다고 느낄 때가 많습니다. 예를 들면 다음과 같은 상황을 마주할 때이지요.

- 자아 성취를 위해 취직을 했지만, 오히려 조직 안의 부품처럼 느껴질 때
- 가족을 부양하기 위해 죽도록 일했지만, 오히려 가족과 사이가 벌어질 때
- 주께 헌신하기 위해 목회를 시작했지만, 사역에만 매몰되어 오히려 신앙에 냉담해질 때

우리는 바로 앞에 있는 하위 목적을 성취하느라 멀리 보지 못합니

---

11. Jonathan Edwards, *Ethical Writings*, ed. Paul Ramsey and John E. Smith, vol. 8, The Works of Jonathan Edwards (New Haven; London: Yale University Press, 1989), pp. 405~407을 보라.

다. 따라서 주기적으로 우리 삶의 상위 목적을 바라보고 현재의 자신을 점검할 필요가 있지요. 사실 이건 꼭 그리스도인이 아니더라도 많은 사람들이 권장하는 바입니다. 그렇지만 그리스도인들은 삶의 모든 일들을 최고의 목적, 즉 모든 상위 목적들이 결국 가져야 하는 하나의 목적에 맞추어 생각할 수 있습니다.

예를 들어볼까요? 제가 목회 사역을 하는 것은 좋은 일이지만, 목회 사역 중 제가 정말 기뻐하고 있는 것이 하나님이 아니라 사역의 성취와 열매들이라면, 스스로의 목적을 재점검해야 할 필요가 있겠지요. 목회가 아닌 일들도 마찬가지일 것입니다. 심지어 좋은 일들도 마찬가지입니다. 가족을 사랑하고 섬기는 것은 좋은 일이지만, 궁극적인 일은 아닙니다. 가족을 사랑하느라 하나님을 뒷전에 놓는다면, 결국 가족을 최고로 사랑하지 못하게 됩니다.

## 둘째, 목적이 바뀐 것을 회개하라

그렇게 목적 점검을 마쳤다면, 지속적인 회개로 하나님께 나아가십시오. 누군가는 "가족을 하나님보다 더 사랑한다고 그것이 회개할 정도의 죄인가요? 그건 좀 너무한 것 아닌가요?"라고 항변할지도 모르겠습니다. 하지만 종종 사랑은 죄가 됩니다. 더 정확히 표현하자면, **사랑의 질서를 어기는 것이 죄의 본질**입니다. 한 목사가 있습니다. 그 교회의 자매 청년을 아끼고 돌보고 사랑한다 합시다. 이것이 죄입니까? 많은 사람들은 죄가 아니라고 할 것입니다. 하지만 그 자매를 자신의 아내보다 더 사랑한다면 간음이라고 말할 것입니다. 마찬가지로 하나님보다 무언가를 더 사랑하는 것은 죄입니다. 우리가 이것을 죄처럼 생각하지 않는 이유는, 하나님의 가치를 다른 모든 것의 가치보다 하찮게 여기는 것이 습관화되었기 때문일지도 모릅니다.

따라서 목적이 바뀐 것을 고백하고, 용서를 구하고, 회개하십시오. 이는 자신을 자책하라는 말이 아닙니다. 완전해지라는 말도 아닙니다 가능하지도 않습니다. 오히려 그분께 나아가라는 말입니다. 박영선 목사의 말을 들어보십시오. "자신을 흠 잡힐 것 없게 만들어서 하나님 앞에 떳떳하려고 하는 것도 죄에 걸립니다. 옳은 회개를 하는데도 죄가 됩니다. …… 하나님은 우리와 같이 살자고 하십니다. 하나님에게서 도망가지 말라고 하십니다. 그런데 우리는 도망가려고 합니다. 그렇게 되면 기독교 신앙은 자기 치장에 불과해집니다."[12] 그저 그분께 나아가, "내 인생 최고의 목적이 당신을 기뻐하는 것이 되게 해주세요."라고 구하십시오.

## 셋째, 하나님과 지속적으로 교제하라

우리 모두는 아름다운 것을 보며 기뻐합니다. 맛있는 음식은 미각에 아름다움을 느끼게 하고, 희생적인 헌신은 도덕적 아름다움을 느끼게 만들지요. 하나님께서는 무엇보다 아름다운 분이시고, 그 아름다움은 그분과의 교제를 통해서만 느낄 수 있습니다. 그리고 여기서 우리는 그분의 말씀을 읽고, 기도하며, 예배하는 영적 훈련을 필요로 하

---

12. 박영선, 『욥기 설교』, (서울: 무근검, 2017), 277~278쪽.

게 됩니다.

존 파이퍼 목사는 성경을 망원경에 비유합니다.[13] 망원경의 기능이 무엇입니까? 아주 아주 크지만 정말 너무 커서 지구보다도 더 크지만 너무 멀리 있어 우리 눈에 점으로밖에 보이지 않는 거대한 별을 더 가깝게 보여주는 것이지요. 점으로밖에 보이지 않던 별이 망원경으로 보면 훨씬 더 크게 보입니다. 거대한 망원경으로 보면 나를 압도할 만큼 크게 보이기도 합니다. 물론 그래도 실제 별 크기보다는 훨씬 작을 뿐이지만요. 마찬가지입니다. 성경은 너무나도 멀리 있어 우리 눈에 작게 보이는 하나님을 훨씬 더 크게 보이게 해줍니다. 물론 성경마저도 하나님의 실제 크기를 다 보여주지는 않습니다. 하지만 당신이 성경을 읽을수록, 이해할수록, 더 깊이 알아갈수록 하나님께서는 훨씬 더 압도적으로 크신 분으로, 지혜롭고 아름다운 분으로 보이기 시작할 것입니다.

반면에 TV나 세속문화에 빠지는 것은 일종의 현미경과 같습니다. 현미경의 기능이 무엇입니까? 실제로 너무 작아서 우리 눈에 보이지 않는 것을 더 확대해서 크게 보여주는 것입니다. TV그리고 유튜브, 넷플릭스, 기타 등등는 실제로는 우리를 그다지 행복하게 해주지 못하는 작은 것들을 아주 크게 보이게 합니다. TV를 볼 때, 우리는 저 옷을 사지 않으면 불행할 거라는 생각이 듭니다. 막상 배달받아 입어보면 별것 없는데 말이지요. 당신이 성경을 멀리하고 세속을 더 가까이 할수록, 당

---

13. https://www.desiringgod.org/messages/i-will-magnify-god-with-thanksgiving을 보라.

신의 하나님은 작아질 것입니다. 덜 아름답게 느껴진다는 것이지요. 자신의 삶을 잘 들여다보시고, 우리가 얼마나 더 현미경을 바라보고 망원경을 덜 바라보았는지를 숙고해 봅시다. 그리고 삶을 바꾸십시오.

## 우리를 즐거워하시기 위해 오신 예수님

하나님을 즐거워하는 것이 우리의 목적이 되게 하기 위해, 예수 그리스도께서 하신 일이 있습니다. 히브리서는 그분의 십자가에서의 사역을 가리켜 이렇게 표현합니다.

"믿음의 주요 또 온전하게 하시는 이인 예수를 바라보자 그는 **그 앞에 있는 기쁨을 위하여** 십자가를 참으사 부끄러움을 개의 치 아니하시더니 하나님 보좌 우편에 앉으셨느니라"히12:2

왜 예수님께서 십자가를 참으셨습니까? 그분께서 "이건 내 의무야. 어쩔 수 없지. 너희들을 구하려면 별 수 없잖아." 하는 마음으로 부끄러움을 개의치 않으셨나요? 그렇지 않습니다. 그분께서는 그 앞에 있는 기쁨을 위하여 참으셨습니다. 이 기쁨이 무엇일까요? "장차 임할 끝없는 세대의 영광 가운데, 영원히 자기 신부가 될 교회를 바라보신"

기쁨입니다.[14] 그분께서는 한편으로 십자가에서 상상을 초월하는 고통을 당하셨지만, 다른 한편으로 자신의 죽음으로 아름답게 변할 신부의 모습을 그리며 벅차오르셨습니다.

죄악된 우리를 생각해 보십시오. 예수님께서 우리를 보실 때 우리가 아름답게 보였겠습니까? 오히려 추하고 더럽고 악하게 보이지 않았겠습니까? 사랑스럽기보다는 진노와 저주를 내리고 싶지 않았겠습니까? 그러나 그리스도께서는 우리를 아름답게 여기셨습니다. 우리가 아름다웠기 때문에 아름답게 여기신 것이 아니라, 우선 아름답게 여기시고 아름답게 만들어 가시는 것입니다. 모든 세상 사람들은 우리에게 "아름다워라. 그러면 내가 너를 즐거워해 주겠다. 그러면 내가 너를 사랑하겠다."라고 말합니다. 하지만 우리 주님께서는 "있는 그대로 너를 즐거워하겠다. 있는 그대로 너를 사랑하겠다. 그리고 아름답게 만들어주마." 하고 말씀하십니다. 생각해 보십시오. 누가 당신에게 "흉악범을 기뻐하라!"라고 하거나 "바퀴벌레를 기뻐하라!"라고 말한다면, 그것이 가능하다고 생각하겠습니까? 불가능한 일이 아니겠습니까? 그러나 우리의 구주께서는 그 일을 하셨습니다. 죄인인 저와 당신을 사랑하셨습니다. 사랑스럽기 때문에가 아니라 사랑하기로 하셨기 때문에요.

그리스도께로 오십시오. 우리가 그분을 기뻐하기 위해서는 우리 자

---

14. Richard D. Phillips, *Hebrews*, ed. Richard D. Phillips, Philip Graham Ryken, and Daniel M. Doriani, Reformed Expository Commentary (Phillipsburg, NJ: P&R Publishing, 2006), p. 534.

신을 부인하며 회개하는 작은 짐만 지면 됩니다. 그러나 그분께서 우리를 기뻐하시기 위해서는 하나님의 진노와 저주를 받으시고 육체적 고통을 당하시는 거대한 짐을 지셔야만 했습니다. 그분께서는 그 짐을 기꺼이 지셨습니다. 즐거움으로 지셨습니다. 이 예수님을 더 많이 알아갈 때, 당신은 하나님을 즐거워하게 될 것입니다. 그러면 당신은 이미 당신의 궁극적인 목적을 성취하고 있는 셈입니다!

## <나눔을 위한 질문>

1. "내 인생의 목적을 내가 선택하는 것"이 내게 늘 자유와 만족을 줍니까? 혹시 자신이 앞으로 무엇을 해야 할지 모르겠어서 방황해 본 적은 없습니까? 자유롭게 결정할 수 있는 선택들이 너무 많아서 오히려 그 때문에 그 많은 선택들 가운데서 버림 받은 것 같은 느낌을 경험해 본 적은 없었습니까? 자신의 이야기를 나누어 봅시다.

2. 혹시 "하나님을 영화롭게 하고 그분을 영원토록 즐거워하는 것"이 인간의 목적이라는 사실을 듣고서 하나님께서 너무 이기적이시라는 생각을 해본 적은 없었습니까? 이 책을 읽으면서 이러한 생각에 어떤 변화가 있었습니까? 있다면 나누어 봅시다.

3. 인생에서 여러 가지 목적들을 성취했거나 또는 성취해 가고 있지만, 간혹 "나는 무엇을 위해 이 일을 하고 있지?" 하는 생각이 든 적은 없었습니까? 지금 자신의 '하위 목적들'을 점검해 봅시다. 만일 당신이 공부하고 있다면, 취직이나 결혼을 준비하고 있다면, 그 밖의 다른 중요한 목적들을 성취하기 위해 노력하고 있다면, 당신은 이러한 모든 '목적들'이 단 하나의 최종 목적에 부합하는 삶을 살고 있습니까?

4. "사랑의 질서를 어기는 것이 죄의 본질이다."라는 말을 잘 생각해 봅시다. 우리가 가장 사랑하는 것이 무엇인지 말해보고 이에 관해 생각해 봅시다. 또는 다음의 질문들에 답해 봅시다.

첫째, 당신은 아무도 당신을 보지 않을 때 무엇을 합니까?
둘째, 당신이 잃을까 두려워하는 것은 무엇입니까?
셋째, 당신은 어디에 당신의 돈을 가장 많이 투자합니까?
넷째, 당신의 공상은 어디로 흘러갑니까?
다섯째, 당신은 어떤 기도제목이 응답되지 않을 때 특히 분노합니까?

3장

# 내 공동체는
# 어떤 의미인가?

나의 정체성은 내가 소속된 공동체의 영향을 받습니다. 우리의 자아는 관계 가운데서 형성되고 정착되기 때문입니다. 심지어 성품이나 성향 모두가 유전자에 의해 선천적으로 결정된다고 믿는 사람이라 하더라도 결국 공동체에 의해 성향이 어느 정도 바뀐다고 생각하지요.[1] 즉 **나는 나의 관계**입니다. 나는 내 가족, 학교, 회사, 친구들, 교회 공동체에 의해 형성되고 빚어져갑니다. 저는 이 지점에서 교회에 관한 이야기를 하고 싶습니다. 우리는 모두 교회에 의해 영향을 받아 자아를 형성할 뿐만 아니라, 영향 받은 자아를 통해 교회를 만들어가기도 하기 때문입니다.

교회의 본질은 무엇일까요? 많은 신학자들이 대단히 다양한 정의들을 내렸고, 그 많은 정의들에는 교회에 대한 진리가 조금씩 포함되어 있습니다. 저 역시 여기서 교회를 표현하는 하나의 정의를 내려 보고자 합니다. 그리고 그걸 위하여 성경의 한 부분을 깊이 묵상해 보도록 하지요.

"아브라함과 다윗의 자손 예수 그리스도의 계보라 아브라함이 이삭을 낳고 이삭은 야곱을 낳고 야곱은 유다와 그의 형제들을 낳고 유다는 다말에게서 베레스와 세라를 낳고 베레스는 헤스론을 낳고 헤스론은 람을 낳고 람은 아미나답을 낳고 아미나답은 나손을 낳고 나손은 살몬을 낳고 살몬은 라합에게서 보아스

---

1. 조너선 하이트, 『바른 마음』, 왕수민 옮김 (서울: 웅진지식하우스, 2014), 495~499쪽을 참조하라.

를 낳고 보아스는 룻에게서 오벳을 낳고 오벳은 이새를 낳고 이새는 다윗 왕을 낳으니라 다윗은 우리야의 아내에게서 솔로몬을 낳고 솔로몬은 르호보암을 낳고 르호보암은 아비야를 낳고 아비야는 아사를 낳고 아사는 여호사밧을 낳고 여호사밧은 요람을 낳고 요람은 웃시야를 낳고 웃시야는 요담을 낳고 요담은 아하스를 낳고 아하스는 히스기야를 낳고 히스기야는 므낫세를 낳고 므낫세는 아몬을 낳고 아몬은 요시야를 낳고 바벨론으로 사로잡혀 갈 때에 요시야는 여고냐와 그의 형제들을 낳으니라 바벨론으로 사로잡혀 간 후에 여고냐는 스알디엘을 낳고 스알디엘은 스룹바벨을 낳고 스룹바벨은 아비훗을 낳고 아비훗은 엘리아김을 낳고 엘리아김은 아소르를 낳고 아소르는 사독을 낳고 사독은 아킴을 낳고 아킴은 엘리웃을 낳고 엘리웃은 엘르아살을 낳고 엘르아살은 맛단을 낳고 맛단은 야곱을 낳고 야곱은 마리아의 남편 요셉을 낳았으니 마리아에게서 그리스도라 칭하는 예수가 나시니라 그런즉 모든 대 수가 아브라함부터 다윗까지 열네 대요 다윗부터 바벨론으로 사로잡혀 갈 때까지 열네 대요 바벨론으로 사로잡혀 간 후부터 그리스도까지 열네 대더라"마1:1-17

# 대체 이 족보는 무슨 의미인가?

많은 사람들이 이 족보를 보며 의아해합니다. 특히 제가 처음 성경을 읽을 때는 충격을 받을 정도였지요. 제게 처음 성경을 읽으라고 권해준 사람은 제 사촌 형이었는데, 구약보다 신약을 먼저 읽으라고, 특히 복음서를 읽어보라고 권해주었습니다. 그래서 마태복음 1장을 펼쳤는데 족보가 나왔지요. "누가 누구를 낳고……." 이 내용을 읽자마자 성경을 덮고 싶었습니다.

제가 기대했던 건 이게 아니었습니다. 저는 성경이 여러 명령들이나 충고를 담고 있을 거라고 생각했습니다. 그런데 웬걸 좋은 충고는커녕 아무 의미도 없어 보이는 족보부터 시작하는 것입니다!

성경은 여러 명령들과 금령들을 모아놓은 법조문집이 아닙니다. 물론 성경은 명령과 금령, 충고와 조언들을 포함합니다. 하지만 그것뿐이라면 성경과 기독교는 아무런 가치가 없을 것입니다. C. S. 루이스가 말한 바와 같이, "좋은 충고라면 지난 4,000년간 부족함 없이 들어왔으니까요."[2] 복음은 충고가 아닙니다. 복음은 도리어 소식입니다. 이 차이가 이해되시나요?

저는 지금 코로나19 바이러스가 창궐하는 펜데믹의 시기에 글을 쓰고 있습니다. 그리고 인터넷 포털과 TV에는 연일 새로운 기사가 쏟아져 나오지요. 두 가지 종류의 기사가 있습니다. 한 부류는 충고 혹은

---

2. C. S. 루이스, 『순전한 기독교』, 243쪽.

명령이지요. "마스크를 꼭 쓰셔야 합니다.", "반드시 손을 자주 씻으십시오.", "방역 수칙을 지키세요.", "5인 이상 모이지 마세요." 이러한 종류의 내용을 담고 있는 기사를 우리는 충고, 혹은 명령이라고 부릅니다.

반면, '소식'을 담고 있는 기사도 있습니다. "어느 회사에서 치료제를 개발했답니다. 그리고 성공적으로 병을 치료해낸답니다.", "백신이 개발되었습니다. 백신을 맞은 대부분이 항체가 생겼습니다."라는 소식뉴스들이 있지요. 이런 소식들은 아주 좋은 소식들입니다. 물론 나쁜 소식들도 있습니다. "확진자가 폭증하고 있습니다.", "변이 바이러스가 확산되고 있습니다." 등과 같은 소식들은 나쁜 소식들이지요. 나쁜 소식들을 들으면 우리는 우울해지고 슬퍼하게 됩니다.

복음은 좋은 소식입니다. 그리고 성경은 명령들과 충고들즉, 율법만 담고 있는 것이 아니라 아주 기쁘고 좋은 소식즉, 복음을 담고 있지요. 바꿔서 말해볼까요? 성경은 우리가 해야 하는 일들만 말하고 있는 것이 아닙니다. **하나님께서 우리를 위해 하신 일**을 말하고 있습니다. 그런데 이런 점에서 우리가 위에서 읽은 족보는 복음을 담고 있습니다. 잘 살펴보십시오. 족보 어디에도 우리가 해야 하는 일을 말해주고 있지는 않지요? 물론 당신은 "하나님께서 우리를 위해 하신 일도 없는 것 같은데요?"라고 질문할지 모릅니다. 하지만 잘 살펴보면 놀라운 복음이 담겨 있답니다. 그래서 신약학자 프레데릭 데일 브루너는 "마태는 재미없는 계보를 복음 전도로, 하나의 출생 이야기를 하나님의

사람들의 이름들을 수록한 사전으로 만든다."라고 말합니다.[3]

그렇다면 이 족보는 어떤 좋은 소식을 담고 있는 것일까요? 그 전에 1세기 당시 족보는 어떤 의미를 담고 있는지를 생각해 보아야 합니다. 현대에서 우리는 우리가 누구인지 말해주기 위해 이력서나 자기소개서를 씁니다. 그리고 여기에는 자신의 업적과 이력이 들어있지요. 즉 자신이 한 일, 이루어낸 성취로 자신을 소개하고 평가받기를 기대한다는 것입니다. 하지만 당대의 문화는 달랐습니다. 당대의 문화에서는 자신이 어느 가문 출신인지, 그리고 조상 중에 어떤 사람이 있는지를 말해줌으로써 자신을 소개해 주었지요.[4] 사실 지금도 어르신들 중에서는 애인이 생겼다고 하면 부모님의 직업이 무엇인지, 집안이 어떤지 물어보는 경우가 종종 있지 않습니까? 그것과 비슷한 것입니다.

그래서 예수님께서 태어나시던 당시의 유대 왕이었던 헤롯 대왕은 자신을 더 나은 사람으로 보이게 하기 위해 족보를 위조했습니다.[5] 그는 절반은 유대인이었고, 절반은 에돔인이었습니다. 순수혈통이 아니었기 때문에, 당대의 사람들은 헤롯을 그다지 반기지 않았지요. 그래서 족보에서 자신이 마음에 들지 않는 사람들을 빼버렸습니다. 지금으로 치면 토익성적이나 학점을 위조하여 제출하는 것과 비슷한 일이었

3. Frederick Dale Bruner, *Matthew: A Commentary: The Christbook, Matthew 1-12*, Revised and Expanded Edition, vol. 1 (Grand Rapids, MI; Eerdmans, 2007), p. 9.
4. Tom Wright, *Matthew for Everyone, Part 1: Chapters 1-15* (London: Society for Promoting Christian Knowledge, 2004), p. 2.
5. R. T. France, *The Gospel of Matthew*, NICNT (Grand Rapids, MI: Eerdmans, 2007), p. 39.

지요. 즉 당시 대부분의 사람들은 '자랑스러운 사람으로 가득한 족보'를 가지기 원했습니다. 족보는 지금의 이력서일 뿐만 아니라, 자신이 누구인지 말해주는 증명이었으니까요. 그렇다면 우리는 예수님의 족보를 보면서도 그것이 예수님의 이력서였다고 말할 수 있을 것입니다.

## 이해할 수 없는 내용의 족보

이러한 배경을 염두에 두고 예수님의 족보를 보면, 독특한 특징을 몇 가지 볼 수 있습니다. 당대의 유대인들, 특히 구약성경의 내용에 익숙했던 유대인들이 이 족보를 보면 경악할만한, 심지어 분노할만한 내용이 기록되어 있지요. 살펴볼까요?

첫째로는, 족보에 여자가 다섯 명이나 기록되어 있다는 것입니다. 1세기 당시에 여성은 남성과 동등하지 않았습니다. 따라서 당연히 족보에 여성이 기록되어 있는 일은 없었지요. 사실상 이 족보 외에는 전무하다고 보시면 됩니다.[6] 그런데 이 족보에는 다말3절, 라합5절, 룻5절, 밧세바우리야의 아내, 6절, 그리고 마리아16절가 기록되어 있습니다. 이 지점부터 1세기의 독자들은 "이 예수라는 작자, 뭔가 이상한데?"라고 생각했을 것입니다.

둘째로, 이 족보에 실린 여자들은 마리아를 제외하면 모두 이방인

---

6. Craig Blomberg, *Matthew*, vol. 22, The New American Commentary (Nashville: Broadman & Holman, 1992), p. 55.

들이라는 것입니다. 여성인데다가 이방인이라니! 다말과 라합은 가나안 사람이었고, 밧세바는 헷 족속 사람이었으며, 룻은 모압 사람이었습니다. 이 모든 사람들이 예수님의 조상으로 등장합니다. 사실 여기까지만 읽어도 당대의 사람들은 고개를 갸웃했을 것입니다. 당신이 토익 시험을 봤는데 점수가 신발 사이즈가 나왔다고 합시다토익은 990점 만점입니다. 그렇다면 이력서에 토익 점수를 아예 기재하지 않을 것입니다. 차라리 숨기는 것이 이득일 테니 말입니다. 그런데 이력서에 당당하게 "토익 점수: 280점"이라고 쓴 것입니다! 고개를 갸웃하지 않겠습니까?

셋째로, 여기에는 도덕적으로 악한 사람들이 가득합니다. 3절에서 유다는 다말에게서 베레스와 세라를 낳았다고 말하는데, 다말은 유다의 며느리였습니다! 유다가 다말을 부당하게 대하자 다말이 복수하기 위해 기생으로 변장해 유다와 동침하여 아들을 낳게 되었지요. 물론 마태는 그냥 여기서 다말을 말하지 않아도 되었습니다. 계속 "남자가 남자를 낳고……"라고 기록되어 있기 때문에 "유다는 베레스와 세라를 낳고"라고 기록했으면 되었지요. 그런데 마태는 기어이 "유다는 **다말에게서** 베레스와 세라를 낳고"라고 기록하여 그 괴로운 사건을 기억하게 만듭니다.

이뿐 아닙니다. 라합은 창녀였습니다. 그 뒤의 내용들을 살펴보면, 르호보암7절은 솔로몬의 뒤를 이어 왕이 되었지만, 백성들을 악하게 다스리고 결국 우상숭배를 하던 왕이었습니다. 이후 나라는 둘로 갈라졌지요. 아비야7절, 아비얌는 "그의 아버지가 이미 행한 모든 죄를 행하고 그의 마음이 그의 조상 다윗의 마음과 같지 아니하여 그의 하나님 여호와 앞에 온전하지 못"했다고 합니다왕상15:3. 요람8절은 "이스라엘 왕들의 길을 가서 아합의 집과 같이 하였으니 이는 아합의 딸이 그의 아내가 되었음이라 그가 여호와 보시기에 악을 행하"였습니다왕하8:18. 아하스9절는 "그의 조상 다윗과 같지 아니하여 그의 하나님 여호와께서 보시기에 정직히 행하지 아니하고 이스라엘의 여러 왕의 길로 행하며 또 여호와께서 이스라엘 자손 앞에서 쫓아내신 이방 사람의 가증한 일을 따라 자기 아들을 불 가운데로 지나가게 하며 또 산당들과 작은 산 위와 모든 푸른 나무 아래에서 제사를 드리며 분향하였"습니다왕하16:2~4. 이 외에도 므낫세, 아몬 등등 족보에는 악한 왕들이 잔뜩입니다.

넷째로, 도덕적으로 선한 사람들도 그의 치부를 적나라하게 드러냅니다. 6절의 다윗을 봅시다. 그는 누구나 족보에 이름이 있다면 자랑스러워했을 만한 사람이었습니다. 그는 신앙심이 강했고, 우상숭배자도 아니었으며, 용기와 사랑을 가진 사람이었습니다. 심지어 하나님께서 보시기에도 "내 마음에 맞는 사람"이라고 평가하실 정도의 사람이었지요행13:22.

하지만 6절을 보십시오. 다윗이 "우리야의 아내"에게서 솔로몬을 낳았다는 부분을 생각해 봅시다. 그냥 밧세바라고 적어 놓았으면 구약의 역사를 모르는 사람들은 "다윗의 아내인가보다."라고 생각했을 것입니다. 그런데 기어이 "우리아의 아내"라고 기록해 놓습니다. 생각해 보십시오. "이정규가 OOO의 아내에게서 누군가를 낳았다."라는 문장을 들었다면, 정말 그 자체로 끔찍한 스캔들 아니겠습니까? 그런데 마태는 기어이 다윗의 그 부분을 기록해 놓습니다. 굳이 "우리야의 아내"라고 못 박아 놓음으로써 다윗이 간음을 했으며, 우리야를 죽여 버렸다는 것을 밝힙니다삼하11~12장 참조.


## 죄인들의 가족으로 오신 예수님

왜 이러한 기록이 여기 있을까요? 왜 마태는 예수님을 이렇게 엉망 진창의 가족사를 가지신 분으로 소개하는 것일까요? 헤롯처럼 위대한 사람들만 골라서 기록해도 좋았을 텐데, 오히려 문제 있는 사람들만 골라서 기록한 것 같습니다. 게다가 다윗 같은 신앙의 위인마저도 굳이 그 치부를 들추어 기록한 이유는 무엇일까요? 신약학자 클린턴 아놀드는 그 이유를 이렇게 설명합니다.

이 족보의 진정성과 (당혹스러운) 비현실성은 분명히 마태의 독자들을 깜짝 놀라게 했을 것이다. 예수님의 조상들은 이런저런 약점들을 가진 평범한 사람들이었다. 하나님께서는 그런 평범한 사람들을 통해 구속의 역사를 이끌어 오셨다. 예수님의 족보에는 '의'에 관한 어떤 패턴도 등장하지 않는다. 간통한 사람들, 매춘부들과 이방인들이 있을 따름이다. …… 하나님께서는 이렇게 모든 세대의 선과 악을 관통하시면서 그분의 목적을 이루어 가신다. 마태는 하나님께서 비록 소외 받거나 멸시 당하는 그 누구라도 사용하시고 그분의 계획을 이루어 가시는 분이심을 보여준다. 예수님께서 구원하시기 위해 오신 사람들은 바로 이런 부류의 사람들인 것이다.[7]

바꿔서 말해볼까요? 그분께서는 죄인들을 구원하러 오셨습니다. 괜찮은 사람들과 훌륭한 사람들이 아니고, 죄인들이요! 단순히 구원 정도가 아닙니다. 예수 그리스도께서는 이들 족보의 한 가운데에 오셨습니다. 즉 이들의 가족이시지요. 그분께서는 지금 "내가 이 죄인들의 가족이 되기 위하여 왔다. 내가 파렴치한 사람들, 사기꾼, 간음한 사람들의 구원자요 소망이며 가족이 되기 위해 이 땅에 왔다. **바로 이들이 내가 사랑하는 사람들이다!**"라고 선언하시는 셈입니다.

실제로 마태복음을 계속 읽다보면, 예수님께서 이렇게 말씀하시는 부분을 어렵지 않게 찾을 수 있습니다. 예수님께서 무리들을 향하여 말씀을 전하시다가, 예수님의 친가족들이 예수님께 말하려고 찾아옵니다. 마리아, 그리고 예수님의 형제들이지요. 그래서 한 사람이 예수님께 "보소서 당신의 어머니와 동생들이 당신께 말하려고 밖에 서 있나이다"마12:47라고 외치지요. 그러자 예수님께서는 "누가 내 어머니이며 내 동생들이냐"라고 물으신 후에, "손을 내밀어 제자들을 가리켜 이르시되 나의 어머니와 나의 동생들을 보라"라고 말씀하십니다마

7. Clinton E. Arnold, *Zondervan Illustrated Bible Backgrounds Commentary: Matthew, Mark, Luke*, vol. 1 (Grand Rapids, MI: Zondervan, 2002), p. 9.

12:48~49.

이는 자신의 친가족들을 무시하시는 말씀이 아니었습니다. 도리어 그분의 진정한 가족은 그분을 믿음으로 그분의 영원한 아버지이신 성부 하나님의 자녀된 자들이라는 말이요. 즉 예수님의 제자들입니다. 그렇다면 그 제자들은 어떠한 사람들일까요? 위대한 사람들일까요? 윤리적이고 도덕적인 사람들일까요? 아닙니다. 도리어 그들은 예수님께서 잡혀가시자마자 그분을 버린 배신자들이었습니다. 특히 이 책을 기록한 마태를 생각해 봅시다. 마태는 세리였고마9:9, 세리는 부정한 사람이요, 변절자이며, 죄인들과 동류로 취급되었던 사람이었습니다.[8] 로마의 하수인이었기 때문이지요. 아마 유대인들 중 누구도 세리를 향하여 "내 형제여!"라고 말하지 않았을 것입니다. 그보다 "저 비열한 세리놈!"이라고 말했겠지요.

그러나 예수님께서는 마태를 향해 "내 어머니와 나의 동생들이다!"라고 선언하십니다. 제 상상이긴 하지만, 마태는 아마 이때 깊이 감동했을 것입니다. "사람들이 배척하는 나 같은 사람을 예수님께서는 형제로 여겨주시는구나." 하고 말입니다. 그리고 나중에 복음서를 쓸 때, 이 족보 부분을 보면서 우리 구주께서 죄인들의 가족으로 오신 것을 기뻐했을 것입니다.

---

8. John R. Donahue, "Tax Collector," ed. David Noel Freedman, *The Anchor Yale Bible Dictionary* (New York: Doubleday, 1992), pp. 337~338.

## 복음이 말해주는 교회

여기서 우리는 교회의 한 가지 중요한 정의를 볼 수 있습니다. 교회는 절대로 괜찮은 사람들의 모임이 아닙니다. 오히려 교회는 용납 받은 죄인들의 모임입니다. 그렇지만 사랑받고 있는 사람들의 모임이며, 예수님께서 "내 가족들이다!"라고 선언하시는 사람들의 모임이지요. 그런데 종종 이 사실을 교회 안에 있는 사람들과 교회 밖에 있는 사람들 모두가 제대로 이해하지 못하는 모습을 보입니다.

먼저 교회 밖에 있는 많은 사람들이 교회를 오해합니다. 그들은 "왜 너희들은 교회를 다니는데 나쁜 일을 저지르냐?" 또는 "교회 다니는 너희들이나 우리나 대체 다른 점이 무엇이냐?"라고 말합니다. 물론 교회의 입장에서는 부끄러운 일이지요. 그러나 이는 교회의 정체성을 오해한 말이기도 합니다. 성경 어느 곳에서도 그리스도인이 도덕적으로 우월하기 때문에 그리스도인이 되었다고 말하지 않습니다. 다른 모든 사람들과 마찬가지로 그들 또한 죄인인 그대로 용납 받고 사랑받았다고 말하지요.

이번에는 교회 안에 있는 사람들의 오해를 봅시다. 교인들은 자신이 교회에 소속되어 있고, 믿음을 가진 것을 자신의 공로라고 오해하기 쉽습니다. 즉 "나는 예수님을 믿어. 주일마다, 때마다 교회도 열심히 출석하지. 사람들을 돕고 있고, 헌금도 내고 있어. 그렇기 때문에 나는 그리스도인이고, 사랑받을만한 사람이야." 하고 생각하는 것이지요. 그렇다면 당신은 교회 밖의 사람들을 깔보고 비난할 것입니다.

그리고 "저 불신자들! 죄인들! 지옥 갈 사람들!"이라고 하면서 자신을 구분짓겠지요.

하지만 신자가 신자인 이유는 그들이 더 나은 사람이기 때문이 아닙니다. 그들은 교회 밖의 사람들과 다를 바 하나도 없는 죄인들입니다. 다만 그들은 사랑받고 은혜 받았을 뿐입니다. 그렇다면 자랑할 것이 있을까요? 사도 바울은 이렇게 말합니다. "있을 수가 없느니라!"롬 3:27. 그리고 또 말하지요. "주 예수 그리스도의 십자가 외에 결코 자랑할 것이 없으니"갈6:14. 만일 당신이 신자이고, 신자가 아닌 사람들을 향해 우월감을 가지고 있다면, 당신은 아직 은혜가 무엇인지 정확히 알지 못하는 것입니다.

예를 들어볼까요? 보수적인 그리스도인들은 동성애자를 정죄하기를 즐깁니다. 어떻게든 그들이 하나님의 진노와 저주아래 있다는 것을 입증하며 혼이 좀 나봐야 한다고 생각하지요. 이에 반해 진보적인 그리스도인들은 동성애가 죄가 아니라고 입증하기 위해 노력합니다. 성경의 명료해 보이는 가르침이라도 그럴 리 없다는 식으로 대하지요. 그러면서 은근히 성경의 가르침을 있는 그대로 믿는 사람들이 꽉 막혔으며, 보수적이며, 꼴통 같다고 비난합니다. 그러나 복음은 둘 다 옳지 않다고 말합니다. 복음은 이렇게 말합니다. "당신은 나와 똑같은 죄인입니다. 물론 나는 당신이 저지르는 종류의 죄는 짓지 않지만, 당신이 저지르지 않는 종류의 죄를 저지른답니다. 그리고 그 죄 역시 당신이 저지르는 죄와 똑같이, 하나님의 아들을 십자가에 못 박아 죽이지 않고서는 해결할 수 없을 정도로 나쁘지요. 제가 용납되고 사랑받았다면, 당신 역시 조건 없이 있는 그대로 받아들여질 수 있어요."

이렇게 교회 안에 있는 사람들과 교회 밖에 있는 사람들 모두 교회를 오해합니다. 교회를 '도덕적으로 우월한 사람들의 모임'이라고 정의하는 것이지요. 그러나 복음은 다르게 말합니다. 복음은 그 누구나 죄인이며, 또한 그 누구나 사랑받을 수 있다고 말합니다. 팀 켈러 목사는 말합니다. "복음은 당신이 감히 바라거나 생각했던 것보다 훨씬 더 악하다는 것과 동시에, 당신이 감히 바라거나 상상한 것보다 훨씬 더 사랑받고 있다는 것을 가르쳐준다."[9]


## 복음이 가져다주는 아름다운 성품

이러한 복음의 소식이 사람들을 더 방종하게 만들지 않을까 걱정되시나요? 그럴 수도 있습니다. 그러나 복음을 진정으로 내면화한 사람들은 오히려 더 아름다운 모습으로 성품이 변화되어 갑니다. 아래의 말씀을 읽어봅시다.

"아무도 비방하지 말며 다투지 말며 관용하며 범사에 온유함을

---

9. Timothy J. Keller, "The Message of Jesus" in *The Timothy Keller Sermon Archive* (New York City: Redeemer Presbyterian Church, 2013). 2003. 1. 5. "you see yourself as more wicked and sinful than you ever dared believe, and yet you sense you're more valued and loved and affirmed than you ever dared hope at the same time."

모든 사람에게 나타낼 것을 기억하게 하라 우리도 전에는 어리석은 자요 순종하지 아니한 자요 속은 자요 여러 가지 정욕과 행락에 종 노릇 한 자요 악독과 투기를 일삼은 자요 가증스러운 자요 피차 미워한 자였으나 우리 구주 하나님의 자비와 사람 사랑하심이 나타날 때에 우리를 구원하시되 우리가 행한 바 의로운 행위로 말미암지 아니하고 오직 그의 긍휼하심을 따라 중생의 씻음과 성령의 새롭게 하심으로 하셨나니"딛3:2~5

복음은 두 가지 소식을 알려줍니다. 하나는 나쁜 소식이고, 다른 하나는 좋은 소식이지요. 본문이 말하는 나쁜 소식은 이것입니다. "우리도 전에는 어리석은 자요 순종하지 아니한 자요 속은 자요 여러 가지 정욕과 행락에 종 노릇 한 자요 악독과 투기를 일삼은 자요 가증스러운 자요 피차 미워한 자였"다는 것이지요3절. 우리는 죄인이었습니다. 그리고 정말 우리가 이것을 믿는다면, 당연히 "비방하지 말며 다투지 말며 관용하며 범사에 온유"해야 하겠지요2절. 왜요? 우리가 최악의 죄인이었다면, 우리가 누구를 감히 판단하겠습니까?

그래서 복음을 이해한 사람들은 악인들의 악한 행실을 보며 한편으로는 분노하지만, 다른 한편으로는 긍휼히 여깁니다. 그들은 정의롭기 때문에 올바로 모든 것이 판결되기를 원하지만, 다른 한편으로는 은혜가 있기를 원합니다. 누구도 정죄하지 못합니다. 자신이 죄인인데, 누구를 정죄하겠습니까?

그렇다면 복음의 좋은 소식은요? 바로 그러한 죄인들에게 "우리 구주 하나님의 자비와 사람 사랑하심이 나타"났다는 것4절과 우리가 우리의 "의로운 행위로 말미암지 아니하고 오직 그의 긍휼하심을 따라" 구원받았다5절는 사실이지요. 우리가 구원 받은 것은 우리의 행위 때문이 아닙니다. 그저 그분의 긍휼 때문이지요. 그러므로 그 어떤 사람들도 정죄하지 않습니다. 오히려 그들에게도 소망이 있다고 생각하게 되지요. 그리스도인들은 정의를 추구하지만 사랑이 넘치고, 은혜에 잠겨 있지만 죄를 진지하게 여깁니다. 많은 보수적인 신앙인들은 죄를 진지하게 생각하지만 은혜에 대한 감각을 잃기 쉽고, 많은 진보적인 신앙인들은 약자들을 향한 은혜를 강조하지만 모든 사람들이 죄인이라는 것과 그 누구에게도 은혜가 필요하다는 것을 잊기 쉽지요. 하지만 복음은 모든 사람들이 죄인이며 은혜 받을 수 있다고 말합니다.


## 은혜의 눈으로 다시 바라보는 교회

이렇듯 복음이 말해주는 이야기 안에서 교회를 다시 바라봅시다. 그러면 우리는 교회를 새로운 눈으로 볼 수 있게 될 것입니다. 많은 사람들이 이렇게 생각합니다. "현재 한국교회는 정말 너무나도 타락했다. 과거의 한국교회는 순수했지만, 현대는 너무나 타락했다." 하지만 이러한 생각은 어쩌면 복음도, 역사도 간과한 생각일 수 있습니다. 예를 들어볼까요? 길선주 목사는 평양대부흥의 주역이었고, 한국 기독교 역사상 가장 찬란한 부흥을 맛보며 거룩하고 순전한 신앙을 가진 분이었습니다. 그분은 3.1 운동의 민족대표 33인 중 한 분이기도 했지요. 그런데 그분의 설교를 보면, 이러한 이야기가 있습니다.

> 제가 전도할 때에 이런 말을 흔히 듣습니다. "예수 믿으면 어떻소?" "예수 믿으면 세상에서 의로운 사람이 되고, 이후 세상에서 천당 복을 받습니다." 한즉, "목사님, 그런 말씀 그만두세요. 천당에 간다는 말씀은 무식한 백성이 미신迷信, 과학적 합리적 근거도 없는 것을 맹목적으로 믿음할 수 있을지 모르나, 이 세상에서 의인 된다는 말씀은 그만두세요. 수십 년 믿었다는 교회 장로, 목사들의 행위를 보면 도덕군자가 되었어야 할 그들이 오히려 가정불화와 교회에서 싸우고 시기하고 물고 찢는 일이 더 많고, 혈기, 시기, 사기, 쟁투가 더 많으니 세상에서 의인이 된다는 말씀은 마세요." 합니다.[10]

그때도 똑같았습니다! 그때도 교회 안에는 죄가 있었고, 교회 밖에도 죄가 있었습니다. 많은 사람들이 마치 현대의 기독교가 역사상 더 특별하게 타락한 것처럼 생각하지만, 현재 지탄과 비난의 대상이 되고 있는 한국교회의 지도자들이 젊었을 때는 자신의 선배들에게 비판의 칼을 똑같이 들이댔다는 것을 기억합시다. 죄를 옹호하자는 것이 아닙니다. 타락과 죄는 징계해야 하며, 회개해야 합니다. 그러나 스스

---

10. 길선주, 『길선주 - 한국 기독교 지도자 강단설교』, KIATS 엮음 (서울: 홍성사, 2008), 131쪽.

로 생각해 보아야 합니다. 우리는 죄를 저지르지 않을 자신이 있는지.

이 책을 읽는 분들 중 많은 분들이 청년들일 거라고 생각합니다그렇지 않아도 좋습니다. 그래서 이렇게 생각하기 쉽지요. "저 선배 신앙인들이 모든 것을 망쳐 놓았어. 저들이 한국교회를 이 모양 이 꼴로 만들어 놓았어." 어느 정도는 사실입니다. 만일 당신이 젊다면, 그렇게 선배들을 비판할 권리가 있습니다최소한 저는 그렇게 생각합니다. 하지만 같은 도덕적 잣대를 스스로에게 들이댈 때, 우리는 얼마나 자신이 있을까요? 이 문제는 심각하게 생각해 보아야 합니다. 지금 청년인 당신을 향해 똑같은 손가락을 들이댈 권리가 있는 2021년생들이 태어나고 있다는 것을 생각해 보아야 합니다.

우리 주님께서는 교회를 사랑하십니다. 그것은 교회의 죄를 보아도 무조건 봐주신다는 의미가 아닙니다. 오히려 죄에도 불구하고 사랑하시며, 죄를 보시고 매를 치시며 사랑하신다는 의미입니다. 만일 당신이 교회가 도덕적으로 괜찮으면 사랑하고 나쁘면 미워한다면, 당신은 우리 주님께서 교회를 대하는 방식으로 교회를 대하지는 않는 것입니다. 그분께서는 교회가 깨끗해서 사랑하시는 것이 아닙니다. 오히려 깨끗하게 여기신 후에 깨끗하게 만들어 가십니다. 이렇듯 복음이 우리에게 들려주는 메시지를 배경으로 교회를 다시 바라본다면, 교회를 사랑하는 동시에 비판하고, 개혁하려 하는 동시에 위하여 기도하는 용기가 생길 것입니다.

## 당신은 당신의 교회이다

저는 이러한 이야기를 많은 사람들에게 했습니다. 그런데 재미있는 반응을 하나 경험했지요. 제가 "하나님께서는 **당신을** 죄인임에도 불구하고 사랑하십니다."라고 말할 때는 대부분 환영하거나, 고개를 끄덕이거나, 감동을 받았습니다. 그런데 "하나님께서는 **교회가** 죄악됨에도 불구하고 사랑하십니다."라고 말할 때는 좀 더 설명을 요청하거나, 반론을 제시하거나, 심지어 분노하기까지 하는 것입니다. 아이러니하지요. 물론 이해할 수 있지요. 사람들은 교회에서 상처를 받았고, 자신에게 상처를 준 존재가 사랑받는다고 말하면 화가 나는 것이 사실입니다.

그러나 당신이 그리스도인이라면, 교회는 당신과 별개가 아닙니다. 우리는 그리스도의 몸 안으로 구원을 받습니다. 여기에 대해 영국의 목회자 존 스토트는 이렇게 말합니다. "우리는 그리스도의 사람일 뿐 아니라 교회의 사람이기도 하다." 즉 교회와 당신은 구분되지 않는다는 것입니다. 계속해서 존 스토트 목사의 말을 들어볼까요?

독자들 가운데 기괴한 변종, 즉 교회 없는 그리스도인unchurched Christian은 아무도 없으리라 믿는다. 신약성경은 그러한 사람을 전혀 알지 못한다. 교회는 하나님의 영원한 목적 한복판에 있기 때문이다. 교회는 하나님이 나중에 생각해 내신 것이 아니다. 교회는 역사의 우연이 아니다. 오히려 교회는 하나님의 새로운 공동체다. 영원한 과거에 마음속에 품으셨고, 역사 속에서 실행하시며, 영원한 미래에 완성하실 하나님의 목적은 **단지 고립된 개인들을 구원하여 우리의 고독을 영속시키는 것이 아니라, 그분의 교회를 세우시는 것**, 즉 그분의 영광을 위하여 세상으로부터 한 백성을 불러내시는 것이기 때문이다.[11]

하나님께서는 "단지 고립된 개인들을 구원하여 우리의 고독을 영속시키는 것"이 아니라, 교회를 세우셔서 우리를 그 안에서 행복하도록 계획하셨습니다. 그러니 교회는 당신과 분리되지 않습니다. 당신은 교회이며, 교회는 당신입니다. 영원히요. 당신이 교회를 위해 기도하는 것은 당신 자신을 위해 기도하는 것과 같습니다. 당신의 정체성은 교회에서 형성되겠지만, **당신의 정체성 역시 교회에 영향을 미칠 것**입니다. 당신과 교회는 분리되지 않기 때문입니다.

당신이 은혜의 복음으로 변화된다면, 복음의 좋은 소식과 나쁜 소식을 묵상하며 사람들을 긍휼히 여기기 시작한다면, 그리고 사랑하기 시작한다면, 어떤 일이 일어날까요? 복음이 형성한 당신의 정체성이 흘러넘쳐 주변의 사람들에게 새로운 능력을 주기 시작할 것입니다. 변화 받은 당신의 사랑스러움이 당신과 다른 사람마저도 매혹시킬 것입니다. 오로지 자신의 공로와 성취만으로 자랑하는 정체성을 가진 세상이, 심지어 교회가, 그리스도의 사랑 안에서 변화된 당신을 보며

---

11. 존 스토트, 『살아 있는 교회』, 신현기 옮김 (서울: IVP, 2009), 23~24쪽.

아름다움을 느낄 것입니다.

너무 이상주의적인 주장인가요? 인정합니다. 현실적인 대안도 없다고요? 그것 역시 인정합니다. 물론 더 이야기할 수 있고, 이야기할 것이 있습니다. 하지만 이 책에서는 다루지 않으려고 합니다. 이 책은 교회개혁을 위한 방안을 말하려고 쓴 책이 아니라, 당신이 누구인지에 관하여 말하는 책이니까요. 당신은 누구일까요? 당신은 그리스도 안에 있는 사람입니다. 그리고 그리스도 안에 있는 사람은 작은 사람이 아닙니다. 목적이 없는 사람도 아닙니다. 당신은 하나님께서 소망으로 두고 있는 백성, 예수님께서 신부라고 부르는 공동체의 일원입니다. 그리고 그 공동체의 정체성에 영향을 줄 수 있는 사람입니다. 당신이 교회를 사랑한다면, 그건 작은 일이 아닙니다. 우주적인 일입니다! 하나님께서 그것을 보고 계시고, 기뻐하고 계시며, 아름답게 여기십니다.


## 예수님께서는 예수님의 교회이시다

혹시 싫으신가요? "내가 속한 교회와 내가 같은 정체성을 공유한다니, 난 교회에서 상처받았어. 그러니 싫어!" 당신을 위한 이야기를 해드리고 싶습니다. 사도 바울은 에베소서에서, 예수님과 교회의 관계에 대해 이렇게 말한 적이 있습니다.

"교회는 그의 몸이니"엡1:23

많은 사람들은 이 말을 읽고, "흠. 예수님이 교회의 머리라는 이야기군. 교회는 예수님 말씀을 잘 들어야지."라고 생각합니다. 물론 그것도 사실입니다. 그러나 여기서 말하고자 하는 사실은 아닙니다. 그 진리는 이미 22절에서 말했습니다. 23절은 다른 이야기를 합니다. 즉 예수님께서 교회의 몸이시라는 말입니다. 교회는 예수님 없이 불완전합니다. 그런데 바울은 예수님께서도 스스로를 교회 없이는 불완전하게 여기신다고 말하고 있습니다. 놀랍지 않습니까?

몸과 머리의 비유를 생각해 봅시다. (끔찍한 상상이지만) 제가 손이 잘려나갔다고 합시다. 그렇다면 손이 '나'입니까? 아니면 잘려나간 손 외의 나머지 부분이 '나'입니까? 누구나 나머지 부분이 '나'라고 말할 것입니다. 발은요? 다리는 어떻습니까? 팔은요? 모두 '나머지 부분'이지요. 그렇다면 머리는 어떻습니까? (역시 끔찍한 상상이지만) 머리가 잘려 나가면 어느 쪽도 자신이 '나'라고 주장할 수 없습니다. 그냥 그 사람은 죽어버리고 맙니다! 머리와 몸은 불가분의 관계에 있으며, 서로가 없이는 존재하지 않습니다.[12]

즉 **예수님께서는 예수님의 교회이십니다.** 이 말이 너무 과격하게 들리시나요? 신성모독적으로 들리시나요? 물론 그리스도께서는 당연하게도 교회 없이도 충만하고, 행복하며, 완전하십니다. 그러나 그분

---

12. 이정규, 『새가족반』, (서울: 복 있는 사람, 2018), 270~271쪽.

께서 세우신 교회를 향한 그분의 사랑은 '내 몸'이라고 선언하실 정도로 완전히 연합되어 있는 것입니다! 종교개혁자 장 칼뱅의 말을 들어 봅시다.

만일 하나님의 아들이 우리와 연합되지 않으신다면, 그분 자신은 무언가 스스로를 불완전한 존재로 여기십니다. 이것이 교회가 누리는 가장 고귀한 영광입니다. 우리가 그분과 함께할 때에야 비로소 그분께서 모든 것을 갖추신다는 것. 혹은 그때에야 비로소 완전하게 여겨지기를 바라심을 알게 되는 것이 우리에게는 얼마나 큰 위로입니까?[13]

혹시 아직도 교회가 미운가요? 이해합니다. 그러나 당신을 사랑하시는, 당신이 사랑하는 그리스도께서 교회를 자신의 몸으로 여기십니다. 착하고 예쁜 교인들만이 아니라, 죄인과 악당들 역시 자신의 몸으로, 자신의 소중한 신부로 여기십니다. 그리스도께로 오십시오. 그분께서 당신을 그 사랑을 함께 하도록 부르십니다. 그분께서 자신을 자신의 교회로 여기시고, 당신도 교회를 당신으로 여기기를 원하십니다.

13. John Calvin and William Pringle, *Commentaries on the Epistles of Paul to the Galatians and Ephesians* (Bellingham, WA: Logos Bible Software, 2010), p. 218.

## <나눔을 위한 질문>

1. 복음과 율법을 간단히 구분해 봅시다. "복음은 명령이나 충고가 아니다."라는 말이나 "복음은 하나님께서 우리를 위해 행하신 일에 대한 소식이다."라는 문장을 넣어서 복음에 관해 정의해 봅시다.

2. 1세기 당시 족보는 어떤 의미를 가지고 있었는지 말해 봅시다. 그리고 예수님의 족보가 가진 네 가지 특징에 관해 하나씩 이야기해 봅시다.

3. 예수님의 족보를 통해서 유추할 수 있는 그분의 백성들, 곧 그분의 교회가 지니는 특징들에 관해 말해 봅시다. 교회는 어떤 공동체일까요?

4. 오늘날 교회 밖의 사람들은 물론 교회 안의 사람들까지 모두가 오해하고 있는 교회의 참된 정체성은 무엇인지 나누어 봅시다.

5. 교회에 대해 실망하고 좌절한 적이 있습니까? 예수님께서 그분의 교회를 어떻게 대하고 계신지를 깊이 묵상해 봅시다. 그리고 에필로그에 있는 두 번째 이야기를 읽고, 우리 가운데 사랑하다 지친 사람이 있다면 서로를 격려하고 위로해 줍시다.

#1

1997년작 영화 <제리 맥과이어>는 스포츠 에이전트인 제리 맥과이어톰 크루즈 분의 이야기를 그립니다. 그는 대단히 탁월한 능력과 수려한 외모를 겸비한 사람입니다. 여러 우여곡절 끝에 그는 회사 내 동료인 도로시 보이드르네 젤위거 분와 사랑에 빠지고, 결국 결혼까지 하게 되지요. 둘은 사랑하기도, 갈등하기도 합니다. 결국 갈등 끝에 헤어지지요.

이후 제리는 계속 자신의 일에 빠져 있고, 결국 대단히 큰 성공을 거둡니다. 자신과 더불어 많은 사람들이 환호성을 지르고, 자신도 기쁨을 누리지만, 무언가 허전하다는 생각에 견디지 못합니다. 왜일까요? 자신이 이토록 기쁜데, 함께 할 도로시가 없다는 생각 때문이지요. 그의 기쁨은 도로시 없이는 완전하지complete 않았습니다. 그는 문득 깨닫게 되지요. 자신에게 도로시가 얼마나 소중한지 말입니다. 그리고 그녀에게 달려갑니다. 그리고 마음을 털어놓습니다.

오늘은 우리 회사가 가장 성공한 날이야. 아주 크게 말이야.

하지만 뭔가 부족했어But it wasn't complete. 완벽과는 전혀 거리가 멀었어.

왜냐하면 이 기쁨을 당신과 나눌 수 없었기 때문이야. 당신의 목소리를 들을 수 없고, 함께 웃을 수도 없었어. 난 내 아내가 그리워.

우리는 냉소적인 세상에서 살고 있지. 냉소적이야. 우리는 여기서 고통스러운 경쟁을 하지만 난 당신을 사랑해. **당신은 나를 완성시켜**You Complete Me.[1]

이후에 어떻게 되었는지는 스포일러니 말씀드리지 않겠습니다. 어쨌든 우리 주님께서 "교회는 내 몸이다!"라고 말씀하셨다면, 그분께서는 이렇게 말씀하신 셈입니다. **"당신은 나를 완성시켜**You Complete Me."

---

1. https://youtu.be/HimOebWLccA에서 볼 수 있다. 2021-05-25 최종접속

#2

    사랑하는 일은 고통스러운 일입니다. 교회를 사랑하는 일 뿐 아니라 자신을 사랑하는 일 역시 마찬가지이지요. 당신은 사랑하다 상처를 받을 것이고, 실망할 것입니다. 하지만 당신은 사랑하는 존재로 지음 받았습니다. 그게 당신 인생의 목적이에요. C. S. 루이스의 말이 당신에게 위로 또는 도전가 되기를 바랍니다.

    사랑한다는 것은 상처받을 수 있는 위험에 자신을 노출시키는 행위입니다. 무엇이든 사랑해 보십시오. 여러분의 마음은 분명 아픔을 느낄 것이며, 어쩌면 부서져 버릴 수도 있습니다. 마음을 아무 손상 없이 고스란히 간직하고 싶다면, 누구에게도—심지어 동물에게도—마음을 주어서는 안 됩니다. …… 모든 얽히는 관계를 피하십시오. 마음을 당신의 이기심이라는 작은 상자에만 넣어 안전하게 잠가 두십시오. 그러나 그 작은 상자 안에서도 그것은 변하고 말 것입니다. 부서지지는 않을 것입니다. 깨뜨릴 수 없고 뚫고 들어갈 수도 없을 것입니다. 그러나 구원받을 수 없는 상태가 되고 말 것입니다.[2]

---

2. C. S. 루이스, 『네 가지 사랑』, 이종태 옮김 (서울: 홍성사, 2005), 207~208쪽.

당신이 사랑하다보면, 사랑하려 노력하기 전보다 훨씬 더 상대를 미워하고 있는 자신을 발견할지도 모르겠습니다. 하지만 그것 역시 발전임을 꼭 기억하십시오. 아래 그림을 보십시오. A부터 B까지 이르는 방법이 직선도로는 없고 오직 C를 통과하는 이 구불구불한 길 밖에 없다고 생각해 봅시다. 그래서 당신은 이 길을 걷습니다. 그리고 돌아보니, A에 있을 때보다 목적지인 B와 더 멀어졌다는 것을 알게 됩니다. 그러면 당신은 더 멀어졌나요? 아니요. 더 가까이 갔습니다. 더 멀어 보이지만, 시작도 안했을 때보다는 훨씬 진전했지요. 당신이 사랑하다 상처를 입었나요? 더 분노했나요? 당신은 그저 C에 있을 뿐이고, 당신은 더 나아진 것입니다. 그러니 계속 사랑하세요.

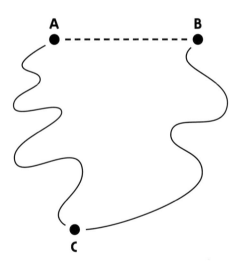

#3

당신이 실패하면 어떻게 하냐고요? 혹시 후회할 만한 짓을 저질렀기에, 인생에 오점을 남겼기에 가치 없는 사람처럼 느껴지면 어쩌냐고요? 당신은 입시에, 취직에, 사업에, 가족을 돌보는 일에 실패했을지도 모릅니다. 범죄를 저질러서 감옥에 갔다 왔을 지도요. 그래도 당신이 그리스도 안에 있다면, 당신은 예수 그리스도만큼 가치 있는 존재예요.

우리는 이름이 기록되기를 원합니다. 좋은 회사의 사원 명부에. 많은 업적을 남긴 사람들의 가운데에. 그것에 실패했나요? 그래도 괜찮습니다. 당신은 하나님의 족보에 기록되어 있으니까요. 하나님께서는 당신을 버리지 않으십니다. 당신은 하나님의 가족 명부에 당당하게 기록되어 있습니다. 그리고 마지막 날에는 그 명부만이 유일하게 가치 있는 명부일 것입니다.